职业岗位技能规划教材

毕业论文(设计)指导
——高职经管专业实践学习指南

管理教育在线 组编
缪启军 等 主编

立信会计出版社
LIXIN ACCOUNTING PUBLISHING HOUSE

图书在版编目(CIP)数据

毕业论文(设计)指导：高职经管专业实践学习指南 / 缪启军等编著. —上海：立信会计出版社,2012.6
职业岗位技能规划教材
ISBN 978-7-5429-3573-1

Ⅰ.①毕… Ⅱ.①缪… Ⅲ.①经济管理－毕业论文－写作－高等职业教育－教材 Ⅳ.①G642.477

中国版本图书馆 CIP 数据核字(2012)第 142226 号

责任编辑　陈　旻
封面设计　周崇文

毕业论文(设计)指导——高职经管专业实践学习指南

出版发行	立信会计出版社
地　　址	上海市中山西路 2230 号　　邮政编码　200235
电　　话	(021)64411389　　传　真　(021)64411325
网　　址	www.lixinaph.com　　电子邮箱　lxaph@sh163.net
网上书店	www.shlx.net　　电　话　(021)64411071
经　　销	各地新华书店
印　　刷	江苏凤凰数码印务有限公司
开　　本	787 毫米×1092 毫米　　1/16
印　　张	9.5
字　　数	176 千字
版　　次	2012 年 6 月第 1 版
印　　次	2019 年 1 月第 3 次
书　　号	ISBN 978-7-5429-3573-1/G
定　　价	38.00 元

如有印订差错,请与本社联系调换

千万别为做毕业论文(设计)而做毕业论文(设计)

(代前言)

　　高等职业教育具有高等教育和职业教育双重属性,以培养生产、建设、服务和管理第一线的高端技能型专门人才为主要任务。毕业论文(设计)是教学计划中十分重要的综合性实践教学环节,是实现高端技能型专门人才培养目标、提高培养质量的关键环节。每年毕业前夕,是不少老师和学生头痛的日子,不少学生顶岗实习工作非常顺利、在校学习表现也很好,可毕业论文(设计)却不得要领,指导老师苦口婆心,却效果甚微。为什么专业知识学得好、顶岗实习工作做得好,毕业论文(设计)却不一定做得好?为什么不少学生社会活动能力强,态度非常认真,毕业论文(设计)也不一定做得好?毕业论文(设计)是学生综合运用所学知识、独立完成课题的一次重要实践,是对学生专业能力、方法能力与社会能力等综合职业能力的培养与考核,是学生综合职业能力深化和提高的一次冶炼。

　　对于高职经管专业学生而言,不仅要考虑如何完成毕业论文(设计),更为关键的是完成什么样的毕业论文(设计)。高职经管专业究竟完成什么样的毕业论文(设计),这不仅是众多高职学生困惑的问题,也是不少经管专业教师需要明确的问题。根据高职教学人才培养目标,高职毕业论文(设计)有别于一般高等教育的学位论文,笔者结合多年教学实践及高职人才培养特点,对这一问题做了深入分析,以期高职经管专业师生在设计(论文)指导中有的放矢,事半功倍。

　　本书以高职人才培养目标及社会需求为原点,对高职经管专业实践教学、高职经管专业综合实践指导、毕业论文(设计)指导作了详细分析与探讨。本书具有如下特点:

　　1. 与时俱进,紧跟高职发展新趋势。本书着眼高等教育和职业教育双重属性,基于高端技能型专门人才培养目标,深入剖析高职实践教学的相关逻辑关系及操作难点。

　　2. 德育为先,全面融入职业素养的培养。以培养学生综合职业能力为目标,在专业能力学习中融合方法能力和社会能力的培养,配合毕业论文(设计)写作指导,及时融入职业素质内容。

3. 案例丰富,训练设计合理,便于学生主体、教师主导式互动教学的实施。全书安排一定量的范例和大量思考与操作习题,便于教学中及时训练,让学生"做中学、学中做",真正掌握毕业报告的分析方法与写作技能,有效提升分析应用能力。

4. 内容动态更新、网络全程支持,方便师生教学。本书不仅仅是静态讲解毕业论文(设计)写作的理论知识,同时提供更为丰富的立体化教学资源与教学支持。我们为教材配备了语音版的 ppt 课件,方便学生自学或老师辅导,开通课程网站(管理教育在线 www.meduol.com),提供动态更新及大量案例。

本书由缪启军担任主编、卞峤担任副主编,参加编写工作的还有肖明、詹秀娟、姚晓燕、韩翔、张勤等。在编写过程中,我们参考了大量资料,引用了部分案例,立信会计出版社陈旻编辑给予了大力支持,在此表示诚挚的谢意!感谢各位同事近几年在实践教学管理与毕业报告指导中积极参与并提供了很多宝贵的建议!

由于编者水平有限,高职毕业实践教学与毕业报告指导等许多理论和实践问题都有待进一步研究、探讨并实践,书中难免存在错误,欢迎广大同仁及读者批评指正。

缪启军

2012 年 7 月

目　　录

模块一　认识高职经管专业实践教学 ·················· 1
　单元一　初识高职实践教学 ························ 2
　　一、职业能力的内涵 ·························· 2
　　二、高职实践教学的内涵 ······················ 4
　　三、高职实践教学的特点 ······················ 6
　单元二　高职实践教学的形式与体系 ·················· 8
　　一、校内实践与校外实践 ······················ 9
　　二、实训教学与实习教学 ······················ 10
　　三、高职实践教学体系构建 ···················· 16
　单元三　高职实践教学的实施 ······················ 18
　　一、同步教学实训的实施 ······················ 18
　　二、短期集中实践环节的实施 ·················· 20
　　三、实践教学中的职业素质培养 ················ 23

模块二　高职经管专业综合实践指导 ················ 29
　单元一　综合实践的组织与管理 ···················· 30
　　一、综合实践的主要环节 ······················ 30
　　二、综合实习安排存在的主要问题 ·············· 32
　　三、综合实习安排的主要模式 ·················· 35
　　四、综合实习安排的模式优化 ·················· 37
　　五、模式优化的关键要点 ······················ 39
　　六、综合实践管理 ···························· 41
　单元二　综合实践总结写作指导 ···················· 46
　　一、认识综合实践总结 ························ 46
　　二、综合实践总结的特点 ······················ 46
　　三、综合实践总结的格式 ······················ 47

· 1 ·

四、综合实践总结的写作要求 …………………………………… 48
　　五、综合实践总结常见的问题 …………………………………… 48
　　六、综合实践总结实例评析 ……………………………………… 48

模块三　毕业论文(设计)指导 ……………………………………… 54
　单元一　毕业论文(设计)写作指导 ………………………………… 55
　　一、认识毕业报告 ………………………………………………… 55
　　二、毕业报告的类别 ……………………………………………… 59
　　三、毕业报告的格式标准 ………………………………………… 61
　　四、毕业报告的选题 ……………………………………………… 62
　　五、资料的搜集与整理 …………………………………………… 78
　　六、草拟毕业报告提纲 …………………………………………… 82
　　七、毕业报告正文写作 …………………………………………… 85
　　八、毕业报告写作中常见问题 …………………………………… 89
　　九、毕业报告实例评析 …………………………………………… 92
　单元二　毕业论文(设计)答辩指导 ………………………………… 126
　　一、答辩程序 ……………………………………………………… 126
　　二、学生准备 ……………………………………………………… 127
　　三、报告汇报 ……………………………………………………… 128
　　四、老师提问 ……………………………………………………… 129
　　五、学生回答 ……………………………………………………… 129
　附　综合实践常用表格与填写说明 ………………………………… 132

参考文献 ……………………………………………………………… 145

模块一　认识高职经管专业实践教学

模块导读

高职教学不仅是学生专业技能培养的有效手段，也是学生良好职业素养形成的关键所在，学生成人、成才的培养目标能否实现，很大程度上取决于实践教学。只有正确认识高职实践教学的内涵，处理好实践教学与理论教学的关系，理清实践教学的层次，才能真正发挥实践教学的效用，将学生培养成符合职业岗位标准、适应社会需求、具有良好的职业素养和可持续发展能力的高端技能型人才。

本模块主要向您介绍高职实践教学的内涵与特点、组织形式和实施等内容。让您对高职实践学习具有科学、系统的认识，顺利完成实践学习。

单元设置

单元一　初识高职实践教学
单元二　高职实践教学的形式与体系
单元三　高职实践教学的实施

单元一　初识高职实践教学

"实践教学"是与"理论教学"相对而言的,传统的教学体系中主要是通过实践途径使学生对课堂中所学的理论知识有更为深刻的理解和应用。因此,在传统的教学体系中,实践教学是依附于理论教学的,被看成理论教学的延伸和补充,但高职教育的特点却决定了实践教学的特殊性和重要性,学生成人、成才的培养目标能否实现很大程度上取决于实践教学,高职实践教学有着全新的内涵。

一、职业能力的内涵

如何正确认识高职实践教学,对于这个问题的理解不能仅仅就实践谈实践,只有从高职培养目标定位出发,科学界定实践教学在高职人才培养中的地位和功能,才能真正理解高职实践教学的内涵。教职成〔2011〕12号文件指出,高等职业教育具有高等教育和职业教育双重属性,以培养生产、建设、服务、管理第一线的高端技能型专门人才为主要任务。"高端技能型人才"是对高等职业教育提出的新的培养目标,为高等职业教育指定了明确的任务和衡量标准。

高端技能型专门人才首先要解决毕业后的就业难题,近年来的实践表明,"以就业为导向"是学校培养目标一个现实和理想的结合点,是高等职业院校应该把握好的一个发展原则。高职教育只有脚踏实地,坚持以人为本,紧紧围绕"以就业为导向",狠抓就业不放弃,以就业求生存,以生存求发展,在发展中不断提升自身水平,才会拥有生存的空间。但同时我们也应该看到,学生初次就业岗位通常是技术含量较低、质量不高的岗位,这些岗位相对低端、专业性也不强。从职业生涯发展看,学生参加基础岗位训练、掌握必要岗位基础技能是必需的,但同时注重学生职业升迁能力的培养是非常必要的,否则培养目标就不是高端技能型人才,也不是高等教育。

任何一个职业岗位都有相应的岗位职责要求,一定的职业能力则是胜任某种职业岗位的必要条件。高端技能型专门人才要具备良好的职业能力和职业素质。因此,高职任何专业教学中,首先要明确本专业对应职业岗位的职业能力要求,包括首岗职业能力和升迁岗位职业能力。职业能力与成长过程,如图1-1所示。

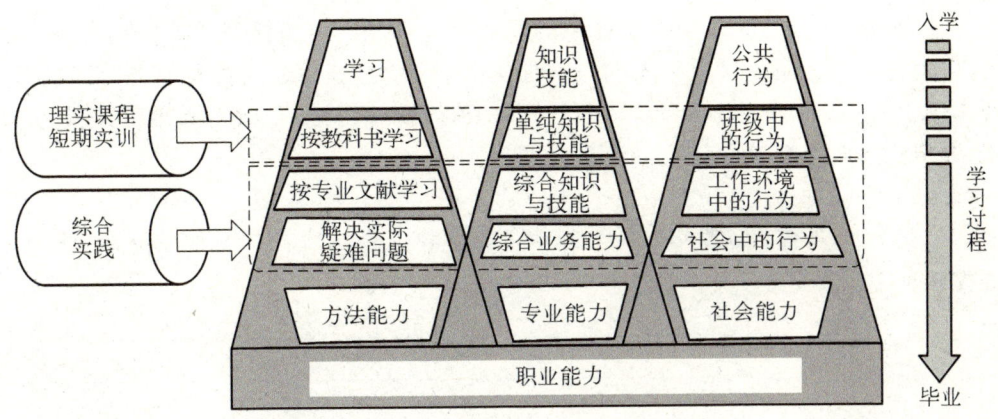

图 1-1 职业能力与成长过程

职业能力(Occupational Ability)是指人们从事某种职业或若干相近职业必须具备的能力。从能力涉及的内容范围,可把职业能力分为专业能力、方法能力和社会能力。

(1) 专业能力是指从事某一职业的专业能力,是合理利用专业知识和技能解决问题并评价成果的能力。专业能力是职业业务内的能力,包括专业单项技能和专业综合技能。专业能力是高职学生胜任职业岗位工作、赖以生存的核心本领。专业能力强调职业岗位的应用性与针对性。

(2) 方法能力是指个人对家庭、职业、生活中发展机遇、要求、限制等做出思考、解释、评价并合理设计的能力。例如,信息收集和筛选能力,制订工作计划、独立决策并实施的能力,自我评价能力和接受他人评价的承受能力,从成败经历中有效地吸取经验教训的能力。方法特别指独立学习、获取新知识、新技能的能力,还包括工作计划制定、工作过程控制与管理、工作评价能力。方法能力是高职学生的基本发展能力,是学生职场不断获取新技能及知识、掌握新方法、解决新问题的能力。方法能力强调思维科学、方法合理。

(3) 社会能力是指一个人与他人交往合作、共同生活和工作的能力。社会能力包括工作中的人际关系(同事的交流方式、利益冲突的处理)、公共关系(与同龄人的相处能力、小组中的工作合作能力、沟通协调能力、批评与自我批评能力)、工作组织能力(机构组织与业务组织能力)、群体意识和社会责任心等方面。社会能力既是最基本的生存能力,也是最基本的发展能力,是高职学生面对职业岗位必备的基本素质。社会能力强调积极的人生态度,对社会的适应性和自身行为的规范性。

方法能力、社会能力与专业能力的职业技能知识没有直接联系,体现出一个人跨职业的能力。但如果一个人的方法能力和社会能力较强,必然会促进其专业能力的发展。同时,在专业能力培养中,如果安排、引导得当,也会有效地促进其方法能力和社会能力的提升。

> ☺ 即时互动:你需要掌握哪些社会能力和方法能力?联系所学专业,分析专业能力有哪些?
> _____
> _____

二、高职实践教学的内涵

高职实践教学是指高职院校根据不同专业职业岗位人才需求的标准,按照校企合作、工学结合的人才培养模式,以鼓励学生主动参与、主动探索、主动思考为基本特征,在模拟、仿真或全真的环境下,借助特定的项目训练为主要形式,让学生具备一定的职业素质、掌握相应岗位技能,能够完成特定岗位的工作任务的教学。

需要指出,由于普通高等院校与高职院校人才培养目标的差异性,高职实践教学与本科实践教学具有更多的差异性。高等职业教育是以形成能力和技能为主要目的,理论作为形成能力和技能的支撑;而普通高等教育实践是为理论服务的,实践处于理论教学的从属地位。实践教学是高职学生适应未来就业职业岗位的必由之路与主要方式。

就实践教学外延而言,普通高等教育的实践环节由实验、试验、实习、课程设计和毕业设计等组成。高职教学实践教学包括实验、实习(含见习、综合实习、顶岗实习)和实训(含课内实训、单项实训、综合实训)等。实训教学中还包括证书培训等内容,顶岗实训中通常还设有毕业设计(或毕业论文)等教学活动。

学生通过实践和实训的教学,需要培养四种类别的技能,分别是通用技能、基本技能、专业技能和综合技能。

通用技能是指从事任何职业均需要具备的技能。

基本技能是指从事某类(如经济管理工作)均需要具备的技能。

专业技能是指主修专业针对的不同岗位,在从事具体业务工作时(如会计核算、产品销售等具体工作)所需要的专业技能。

综合技能是指从事某个职业全面业务工作所需要的技能。

通用能力以方法能力和社会能力为主;基本技能与专业技能主要属于专业能力范畴;综合技能是专业能力、社会能力和方法能力的综合体。在实践中,三种能力往往难以完全割裂,一个人的方法能力和社会能力的强弱将影响一个人的专业能力。在高职现行人才培养方案及教师教学意识中,通常比较重视专业能力的教学而忽视方法能力与社会能力的教学。在当前就业形势严峻、专业无法精准定位的情况下,不少同学要从事非专业的工作,没有任何专业优势。即便从事专业工作,没有良好的方法能力与社会能力也难以发挥自己的专业优势。

从学生职业生涯角度看,方法能力和社会能力至关重要,但方法能力和社会能力的培养不是依靠几个独立实训或课程可以解决的,它们更需要到真实的专业项目任务或实践教学环境中去培养、去锻炼。因而,在专业能力的培养中,如何将方法能力和社会能力有效融合是高职教学,特别是实践教学要思考的问题。

四种类别的技能与经管专业课程结构关系,如图1-2所示。

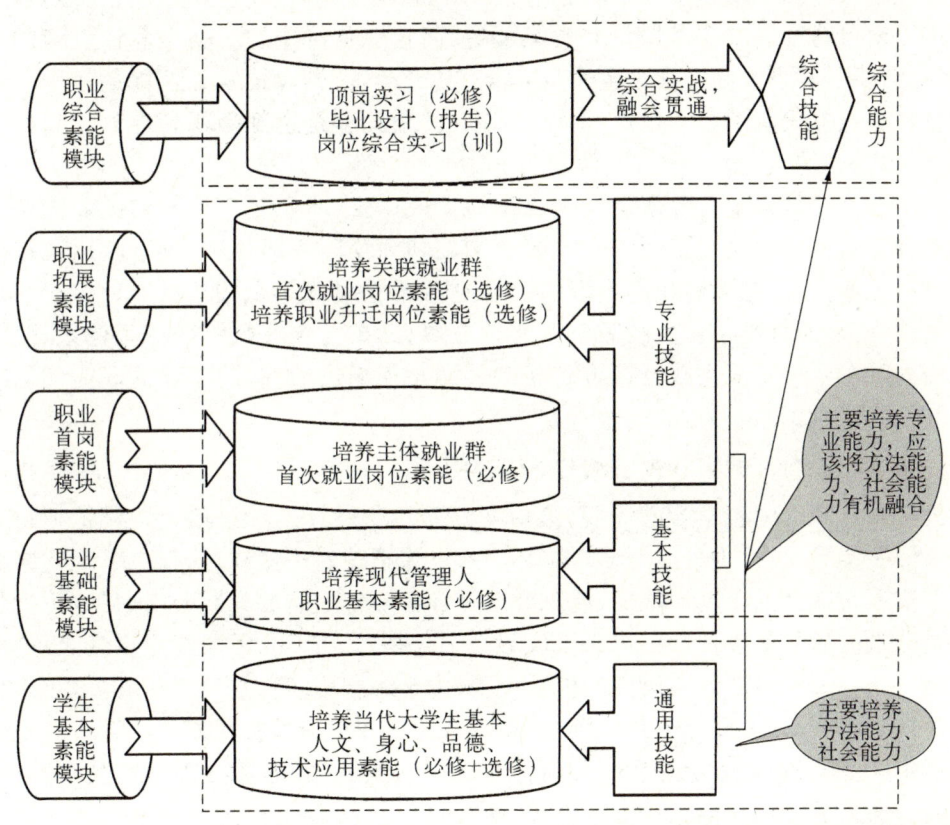

图1-2 四种类别的技能与经管专业课程结构关系

> ☺ 即时互动：为什么要重视实践教学？分析你所学专业各项技能的具体内容，自我评价一下相关技能掌握得如何。
> _____
> _____

三、高职实践教学的特点

高职院校要系统设计、实施生产性实训和顶岗实习，强化教学过程的实践性、开放性和职业性，为实践教学提供真实的岗位训练、营造职场氛围和企业文化。高职实践教学不应一味依附于理论课堂教学，它具有自身的特点。

1. 教学内容岗位化

高职教学要主动对接未来职业岗位需求，让学生掌握相关专业岗位技能，获取一份稳定可持续发展的工作是非常必要的，而且也是可能的。高等职业教育的人才培养过程，必须以职业岗位需求为依据，突出素质、专业技术和技能的培养。专业技术和技能只能通过实践训练才能掌握，实践教学是达到高职高专教学目标的重要方式和必要手段。

高职实践教学要充分采用校企合作的模式，突出职业能力培养与就业岗位要求的良好对接。岗位对接围绕主体职业岗位和关联职业岗位进行职业分析，提炼典型的工作任务，进而转化为典型的学习内容，学生通过学习内容的有机组合形成新的课程，从而打破了传统的教学与实践分离、学校与企业脱节的课程体系，使在校培养的专业技术最大限度接近将来的实际工作岗位，并有助于建立职业归属感和岗位责任意识。

基于职业岗位的实践内容可以采用模拟项目或真实项目。模拟项目是指为了满足特定课程内容学习的需要，模拟实际项目所设计的学习项目。模拟项目可以对应于实际项目，也可综合多个实际项目。模拟项目虽然缺乏真实感，但它来源于真实项目却又高于真实限度，能充分满足课程实施的需要，因而在项目课程设计中是非常必需的。模拟项目可在真实设备、设施中实施，也可在模拟设备、设施中实施。一些为项目课程所设计的模拟设备，由于综合了多种技术，能同时满足多种项目学习的需要，不仅能节约资源，而且非常便于教学。如会计专业实训中大量采用模拟账务资料，业务虽然模拟但有很强的岗位真实性，账务处理资料是真实的，可以有效培养学生的岗位实践能力。真实项目是指直接来源于消费对象的实际加工或服务项目。模拟项目"学校色彩"很浓，缺乏真实的"企业感"。这种项目对于基本能力的训练是必要的,但在学生实际能力训练中的缺陷也很明显。而真实项目有利于学生获得对企业产品技术标准的体验,对"工作压力"的体验等,这些是模仿项目无法具备的,因此,项目课程改革必须大量开发来自企业的真实项目。这是项目课程开发难度比较大,却非常有活力并充满特色的重要因素。经管专业中市场营销、旅游管理等专业,如能开发出一些真实项目,对学生职业岗位能力培养是非常有帮助的。

2. 教学设计系统化

高职实践教学体系的设置要针对现有职业岗位群的需求,全面分析职业群、岗位群所需的专业能力、社会能力及方法能力,要从现实的工作实践体系中来完成课程体系的构建,设置前后关联、循序渐进、理论与实践并行的实践模块,包括大学生职业基本素能实践模块、职业基础岗位素能实践模块、首岗职业素能实践模块和职业岗位拓展素能实践模块等。只有从人才培养角度全面、系统地设计实践教学体系,实践教学才不会流于实验、实习和实训等形式,才能真正培养合格的职业人。

需要说明,专业技术与职业能力是学生在该技术领域工作必须具备的必要条件,但是,掌握支撑专门技术和职业能力所必需的理论与知识,这是学生今后可持续发展的基础。高职实践教学在职业岗位能力培养中并不是完全忽视理论知识的学习,传统的理论课堂教学需要实践,高职的实践教学中也需要传授相应的理论知识,即根据职业岗位工作任务需要安排实训教学和理论知识学习,而不是根据理论或课程体系安排知识学习和实训教学。在加强专业技术训练的同时,更要加强学生职业能力的培养,这些是学生在工作岗位必须掌握的。专业技术技能的培养要依托行业、融合市场,使学生掌握企业、行业的主流、实用技术。

3. 教学环境职场化

无论课堂也好,职场也罢,实践教学的安排都要体现情境性,它一方面是指现场教学,即实践教学在实际的工作场所进行,包括安排学习者到实际工作岗位顶岗实习,参与到真实的职业角色中去。另一方面是指课堂教学,根据实践教学的要求,尽量将学习内容的选取贴近现实的问题情境,创设与本专业的就业岗位(群)的真实情境相一致的职业情境,它通常是项目中心或任务中心,学习者通过虚拟或仿真、具有典型意义的工作问题或项目任务进行探讨,培养学生的综合职业能力。

如会计专业教学中,将教学环境模拟"工作氛围",将课程安排在会计仿真实训室进行,模拟若干个单位财务科,同时配有多媒体设备、实物投影仪,满足项目化教学需要;条件许可应考虑会计模拟软件;从课程设计到单元设计系统考虑、统筹安排,将有助于学生职业能力的培养。

4. 教学组织多元化

高职实践教学内容源于企业职场工作实际,部分教师及相关资源来自合作企业,它实现了课内与课外、校内与校外实践教学的有机结合,促进了理论知识与实践知识、工作与学习的整合。实践教学组织、实施要尽可能政、行、校、企多主体共同组织实施,引入行业标准、国家资格标准,通过校企共赢的合作机制,是确保实践教学效果的有效途径。

5. 教学目标多样化

高职实践教学应当按照学生可持续发展的要求,将教与学有机结合,完成工作过程向学习领域的转换,使学生具备岗位适应能力、迁移能力和继续学习能力,实现学生综合职业能力的发展。

因而在实现岗位对接的基础上,还要进一步通过能力目标的分析与整合,结合本专业实践教学的实施环节,融合方法能力和社会能力的培养与训练,实现高职学生综合职业能力的培养。学生通过实践教学,在掌握本专业相关岗位技能的同时,还要学会学习、学会生存。

> ☺ 即时互动:高职实践教学的特点有哪些?如何理解?试结合具体实训项目说明。
>
> _____
>
> _____

单元二 高职实践教学的形式与体系

从国外高职实践教学组织形式看,都十分重视"能力基础"与"能力中心"。从企业参与和重视程度看,其中以德国高等专科学院(FH)主要采用"企业主导注重实践过程管理型"的实践教学模式最为典型。企业是 FH 实践教学经费的主要来源,主导着 FH 的整个实践教学过程,视接受和指导 FH 的学生实习培训为己任,并把这种校企合作看作企业自身发展前途中人力资源开发的重要途径,企业是评价考核实践教学成果的主体,FH 实践教学中科研选题全部是源自企业需求并为企业服务。我国高职实践教学水平同发达国家相比还有较大的差距,企业重视程度、国家配套支持政策和社会环境(重学历轻技能)均与国外职业技术教育较发达的国家有很大差异,德国的"企业主导注重实践过程管理型"对绝大部分学校而言没有可操作性,但认真研究和借鉴发达国家高职实践教学成功的经验,把国外高职实践教学模式本土化是非常必要的。我国大部分学校的大部分专业主要还是以学校为主导进行各项教学工作,实践教学中学校这一角色更多的工作是在支配好自身教学资源的同时,加强协调社会各方教学资源。

一、校内实践与校外实践

按照不同的标准,实践教学有多种分类。高职实践教学按照实践主要场所的不同,可以分为校内实践教学和校外实践教学两种。

<u>校内实践教学</u>是指在校内实训中心、实训室等模拟实训场所或校内生产性教学企业(如商场、超市、旅行社、工厂)等场所开设,以模拟实训为主的实践教学。校内实践教学的具体形式可以是同步教学实训、短期独立实训(实习)和毕业综合实训(实习)等。

<u>校外实践教学</u>是指在校外企业、校企共同建设的实训中心等场所开设,以企业岗位真实工作任务为主的实践教学。校外实践教学主要包括企业认知实习、社会实践、打工实习或自主创业、模块(岗位)实习、毕业综合实习、顶岗实习等。高职经管专业实践校内、校外实践教学比较,如表1-1所示。

表1-1 高职经管专业实践校内、校外实践教学比较

地点	实践教学形式	主要优点	主要问题
校内	同步教学实训 项目(岗位)实训 岗位综合实训 综合项目实训 注:安排校内教学企业的也可能属于实习	可重复、费用低,使学生置身模拟工作环境,结合工作情境任务,给他们身临其境的感觉,培养职业岗位单项及综合应用能力,帮助学生初步了解和把握与职业相关的素能要求	不利于学生对企业文化、规章制度的了解,也难以感受企业真实的工作气氛。实训内容往往过假,不利于学生综合素能的培养 注:近年来出现的"校中厂"形式较好地解决了上述问题,但"校中厂"的推广、实施与管理也面临不少难题
校外	企业认知实习	学习前或学习中了解企业、职业情况,增强感性认识和学习主动性	走马观花,企业不热心、联系困难,交通、安全与管理均有一定问题
	社会实践	运用业余时间进行,灵活性大	多数学生应付了事,缺乏监管与指导,缺乏配套支持
	打工实习或自主创业	培养生存能力,获取一定报酬	多数与专业不对口,安全、管理可能成为盲区,有一定风险

（续表）

地点	实践教学形式	主 要 优 点	主 要 问 题
校外	模块（岗位）实习 岗位综合实习 顶岗实习	让学生在真实的职场中锻炼自己，培养自己的职业能力和素养，毕业后实现岗位工作"零距离"。利于培养学生综合分析、应用能力，能培养学生运用专业知识、技能解决实际问题的能力，并激发学生的创新意识，提高其综合能力	多数从事首岗位，时间短，无法深入接触企业核心岗位任务，专业技能提高与使用有限。部分学校仍然让学生完成学术性论文或假题真做，设计与岗位、专业联系不紧密，学生以就业为中心，重视不够，监管不力，质量不高

二、实训教学与实习教学

按照实践教学的内容及管理等特点可以将实践教学分为实习和实训。通常，我们将实训、实习作为实践教学的具体细化称呼而不加以区分，加之目前不少实践教学项目多样性也难以区分。

实训教学是职业技能实际训练的简称，是指在学校控制状态下（也可以部分企业控制），按照人才培养规律与目标，对学生进行职业岗位应用能力训练的教学过程。实训的最终目的是全面提高学生的职业素质，最终达到学生满意就业、企业满意用人的目的。实训通过模拟实际工作环境，教学采用来自真实工作项目的实际案例，教学过程理论结合实践，更强调学生的参与式学习，能够在最短的时间内使学生在专业技能、实践经验、工作方法和团队合作等方面有所提高。真实的职场环境、严格的企业管理制度和市场化的项目实战是实训目标成功实现的三大必要条件。

实习教学是在实践中学习，是将学生置于真实的工作环境中，在校企共同管理下（或以企业为主），让学生认识岗位、参与业务运作，掌握岗位应用技能的过程。学习知识源于实践，归于实践，要付诸实践来检验所学。高职学生在经过一段时间的学习之后，需要进一步了解自己，需要深入企业工作岗位了解企业工作内容，掌握企业实务流程，在实践中检验、锻炼自己。实习与实训的区别，如表1-2所示。

表1-2 实习与实训的区别

比较项目	实 习	实 训
目 的	检验学生岗位应用能力，培养学生岗位适应能力，调整未来职业方向与努力目标，确保学生顺利就业	训练学生职业单项能力、训练学生岗位综合应用能力，为各类实习做准备

(续表)

比较项目	实　　习	实　　训
方　式	在实践中学习,重在做,以学生动手为主	在训练中学习,重在训,通常采用师傅带徒弟的方式
内　容	以企业实际工作为内容,多数实习就是打杂,特别利于社会能力、方法能力的培养	根据企业真实岗位需求,针对性地进行项目开发训练,内容与专业对口
性　质	企业以盈利为主要目的	实训成本很高,一般是非盈利性的
地　点	以校外企业为主	以校内实训基地为主
可控性	一般无机会介入核心工作,锻炼效果难保证,可控性差	可控性强,由具有丰富经验的老师指导,强调动手能力培养,具有很强的实战性

从表1-2可知,实习与实训各有所长,也各有所短,只有将两者有机结合,扬长避短,才能确保高职专业人才培养目标的顺利实现。

☺即时互动:实习与实训有什么区别?如何理解实习内容与专业关联性通常不十分密切?
_____
_____

(一)实训教学

强化实践能力的训练,突出综合技术应用能力和职业素养,是培养高技能的高职人才的重要环节。由于众所周知的主观和客观原因,我国目前并不适合全面推广"企业主导注重实践过程管理型"实践教学模式,对于绝大多数学校、绝大多数专业而言,学校仍是实践教学的主导,校内实训室仍是培养学生实践的主阵地。以经管专业为例,学生到企业实习,若要真正接触业务顶岗工作,常会影响企业的工作和效率,同时也会不可避免地涉及钱、财或账务、合同、方案、客户等商业秘密。因此,企业出于这些原因,很少会让学生有机会从事具体的业务工作,从而使得实习效果大打折扣。高职院校要追求的应该是:一定要设法让学生走出校门,到企业第一线去从事实践教学,但千万不要为了追求形式刻意而为。虽然实训内容不可能完全是真实的,但为了高职培养目标,一定要保证综合业务实训的模拟仿真性好、实用性强。实训的内容与做法要尽可能的贴近实际和现实情况,要设置"真实"的岗位、流程,设计严格执行"真实"的制度、规范、条例的方法,准备各类"真实性"

的软件、数据、资料、合同、单证、账表、票据和图章等,要注重培养学生灵活应用和职业迁移能力。实训教学的形式、目的、完成内容一览表,如表1-3所示。

表1-3 实训教学的形式、目的、完成内容一览表

实训教学具体形式	目的	完成内容
同步教学实训	加深对理论知识的理解;单项技能为主	单项任务、一般不连续、不系统
项目(岗位)实训	强化单项技能应用;初步掌握岗位某项综合技能	主要是课程或岗位模块等专业技能实训的综合任务,一般连续、系统,与工作岗位有一定联系
岗位综合实训(综合项目实训)	系统培养相关职业岗位的综合应用能力	仿真企业完整的工作任务、与企业实际工作有较强的联系

<u>同步教学实训</u>是指以理论内容为主或理实一体的课程教学中的实践教学。同步教学实训包括教学做一体化课内实训、以理论教学为主的课程中的实训、与课程单元内容相配套的单项实训、非独立安排的课程内综合实训等。

同步教学实训在完成日常教学时设置相关实训教学环节,课堂教学内容设计要从专业人才培养目标和本课程在人才培养目标中的定位入手,基于企业职业岗位和学生可持续发展确定实训教学内容,同时要在过程管理、考核上科学设计。

<u>项目(岗位)实训</u>是指独立安排以实训为主、内容通常是某一项目任务、主要针对某门课程或某一岗位,时间相对集中,但通常较短的集中实践教学。也有些项目(岗位)实训内容较综合,通常涵盖几门课程及若干单项技能,时间也相对较长。短期独立实训一般是4周以内的实训,通常安排在校内完成。少部分专业也可能统一安排到校外模拟实训,主要适用于行业背景较突出的部分专业和学校。校外模拟实训由学校与有关单位统一联系,将学生划分为若干小组统一安排到实习单位,这种方式的好处是学校对实训内容可以借助企业真实的环境组织实施,但联系实习单位困难,实习组织难度大,实习费用高。通常,校外模拟实训的实训基地并不能真正让学生顶岗位,不能真正训练学生的综合应用能力,充其量是"企业见习"的加强版。

<u>岗位综合实训</u>一般是指学生在顶岗实习前进行的时间较长、以校内模拟项目为主、内容综合、接近顶岗实习的综合实践环节。高职经管类不少专业培养中,校内专业实训内容少、难度小、层次低、不系统、不规范、相互之间割裂、形不成整体,

效果一直不理想，很难达到培养应有的综合技术应用能力的要求。从经管人才培养目标看，经管专业学生将来的工作对象不仅要对物、更要对人；从教学组织看，这些工作又难以完全安排到企业真实环境中去完成，因而，以校内为主的实训教学就显得尤为重要了。对于会计等个别单位需求量较小，且人员稳定通常只是一次性需求的专业，岗位综合实训是培养学生综合能力的有效手段。

> **交流探讨：**
>
> 　　高职人才培养目标定位明确，将大量企业岗位素能培养放在学校中进行，因而，必须大力推进全真、仿真实训室的建设和实训项目的设计，积极探索"校中厂"、"厂中校"等教学企业的建设。当然，也不要追求学校内部应有尽有(不仅有一体化教室、还有实验室、实习车间、实习工厂、工业中心等)，有条件可以建，没有条件时没有必要硬撑着去追求，否则搞不好就会出现得不偿失的问题——不仅使学生被关在学校内，没有多少机会去了解企业和生产现场的实际情况，而且还会碰到许多麻烦。仿真实训以在重视专业知识学习的同时，培养学生的动手能力、技术应用能力和创新能力，使学生具有专业实际生产操作的基本技能。学生通过仿真实训的培养，可以使知识、能力、素质"三位一体化"地有机结合。如会计专业，因为财务信息的机密性和会计工作的特殊性决定了学生在毕业实习前很难有机会进入实训单位财会岗位的核心业务进行实质训练。会计专业只有把该专业的实训重点放到建立财会手工模拟实训室和电算化实训室上。学生通过编写实训教程、编制财会业务及"证账表"资料库、安装常用财务软件、模拟分岗轮训，建立起技术仿真度极高的会计实训中心，解决了会计专业学生顶岗实习前的实训问题。
>
> 　　☺思考：结合本专业实践分析，本专业开设了哪些实训教学模块？如何安排更加合理？

（二）实习教学

实习教学的形式、地点、目的、完成内容一览表，如表1-4所示。

表1-4　实习教学的形式、地点、目的、完成内容一览表

实习教学具体形式	主要地点	目　的	完成内容
认知实习	校外实训基地，校内生产性实训基地	了解企业、职业岗位基本情况，增强感性认识	听讲座、参观、交流

(续表)

实习教学具体形式	主要地点	目的	完成内容
模块(岗位)实习	校外实训基地,校内生产性实训基地	增强相关岗位认知,锻炼相关岗位技能,为毕业综合实习做准备	岗位相关任务
岗位综合实习	校外实训基地,相对稳定	为顶岗实习做准备	岗位相关任务
顶岗实习(含毕业设计或毕业论文、毕业报告)	就业单位为主,不太稳定,毕业设计在学校、实习或就业单位完成	为顺利就业做准备,提高分析、应用能力,为未来升迁岗位做储备	顶岗实习,结合调研数据,完成毕业设计

1. 认知实习

认知实习是指为了增加学生的感性认识,在教学中安排学生到相关企业、岗位了解企业、产品或岗位工作流程等内容的实践教学。认知实习是培养高职学生实践能力培养的重要环节。学生通过实习,可获得生产管理知识、专业知识的感性认识、各类系统的工艺流程基本概念等,有利于学生综合素质的提高。

认知实习一般时间较短,通常在1个星期以内,需要建立稳定的认识实习基地,教学安排中要根据企业生产和教学内容合理调整实习时间,实习过程安排要尽可能安排细致,此外在安全管理、考核上也好深入研究。

2. 模块(岗位)实习

模块(岗位)实习是指高职部分专业在完成相关专业课程及校内实训后充分利用社会资源完成参与岗位工作掌握岗位技能的实践教学。例如,不少学校酒店管理专业将餐饮服务管理岗位技能训练安排到企业完成,一方面解决了学校实训条件及模拟环境的不足问题,另一方面解决了部分酒店人力资源短缺的问题。模块(岗位)实习是高职学生有组织地完成职业岗位任务、在实践中检验所学知识、提高综合素质的重要途径。各专业可以根据专业及区域特点灵活安排,加强学生岗位实践能力的培养。

3. 岗位综合实习

岗位综合实习是指高职部分专业在学生完成全部专业课程及模块(岗位)实

践后、顶岗实习前,安排学生参加岗位锻炼,在指导教师指导下完成岗位工作任务的实践教学。

岗位综合实习有些方面类似于认识实习、模块(岗位)实习,一般都由学校统一组织安排到校外实训基地,单位相对稳定,每个单位人数较多,但岗位综合实习无论是时间、实习内容、实习效果与认识实习不仅有量的区别,也有质的区别。只有实习基地建设规范、数量众多或个别单位需求学生较多的专业才适合统一安排岗位综合实习。

岗位综合实习有些方面类似于顶岗实习,实习时间也可能会较长,通常为1～5个月,也会涉及待遇、岗位工作与职场生活,内容较为综合;但又不同于顶岗实习,岗位综合实习一般不以就业为主要目标,是工学结合的具体体现,学生完成任务后不一定会留在该企业继续工作,当然也有部分同学日后会在该单位顶岗实习或正式就业。

4. 顶岗实习

顶岗实习是指学生在毕业前以实习生的身份进入企业担任企业岗位员工、独立完成企业工作任务和学校实习相关任务的实践教学。顶岗实习是高职学生更快、更好地适应就业岗位需求,真正实现"零适应期"的紧要训练时段,是高职教育人才培养工作中的关键环节,是形成高职学生职业综合技能的关键步骤。

顶岗实习一般安排在最后一学期完成,在实习单位完成时间较长,通常与学生就业相结合,属实践性教学的最常规形式。顶岗实习加深学生对职业岗位工作的认识,提高学生的实际操作能力,缩短学生与企业实际需要的差距,以全面提高学生的职业素质,更好地培养学生的敬业精神、团队精神、责任意识以及良好的就业心态,为学生毕业后顺利走上工作岗位打下扎实的基础。

顶岗实习任务和要求具有双重性:学生既是员工,又是学生;既要完成单位的实习任务,又要按学校要求完成学校的各项实习任务;既受单位管理,又要接受学校的管理。各学校顶岗实习一般分组指导,每组1～2名校内教师。另聘请校外实习指导教师,每个学生1名教师,单位有多名学生的也可由1名教师集体负责。实习结束后返校时交实习总结及实习单位鉴定。学生顶岗实习成绩单列或与毕业设计综合考核,未合格者延长实习时间,推迟毕业。

顶岗实习的经历将影响学生的一生,顶岗实习工作计划到位、实施到位、总结到位,教师对学生指导到位、关爱到位,就会促进学生专业能力、社会能力和方法能力的提高,对于促进校企合作工作的实施,扩大学校的社会声誉具有积极的作用。

☺ 即时互动：试分析本专业的实习环节与具体内容。

5. 毕业论文（设计）

毕业论文（设计）是教学过程的最后阶段，是综合运用专业所学，按要求完成相关课题的一种总结性的实践教学环节。毕业论文（设计）是教学计划中十分重要的综合性实践教学环节，是高职学校实现人才培养目标、提高培养质量的关键环节，是学生综合运用所学知识、独立完成课题的一次重要实践。高职的毕业论文（设计）要有别于本科学校的毕业论文（设计），要与高职院校学生培养的目标相符合，应侧重于"以就业为导向"和培养学生的"职业能力"，突出专业与实践的联系。因而，高职院校学生的毕业论文（设计），要求与自身的工作实践紧密相连，多强调学生分析应用能力的培养。

因此，如何使高职毕业生的顶岗实习和毕业设计密切结合起来，提高工学结合培养人才质量。以顶岗实习作为知识、技能综合运用的平台，做到真题真做，实现真正的理论联系实际，有效地进行毕业设计就显得尤为重要。毕业设计题目可以由学生顶岗实习单位或学生提出，主要是针对企业在生产、科研和管理当中遇到的难以解决的技术性问题，尽量使学生能做到顶岗实习与毕业设计有机结合。

☺ 即时互动：你写过课程或学年小论文吗？你认为完成毕业论文（设计）有什么意义？

三、高职实践教学体系构建

目前，校企合作、工学结合的高职实践教学模式已经得到广泛的认可，但行业、地区、学校等环境不同，无法采用统一的模式，我国高职实践教学模式的构建要遵循一些基本的原则：教学内容突出职业岗位需求；教学团队来自校企双方基于双师素质和双师结构来建设；合作企业选择既要"两厢情愿"，又要"门当户对"；考核和评估体系要注重岗位素能，与行业、企业标准接轨。高职经管专业实践教学组织体系，如图1-3所示。

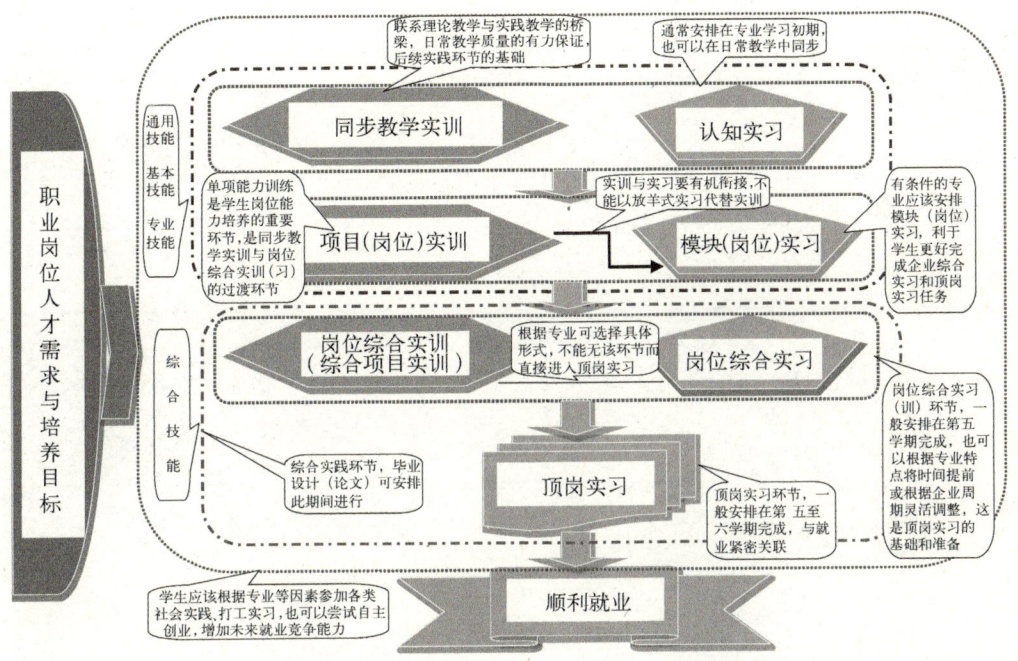

图1-3 高职经管专业实践教学组织体系

高职经管专业实践教学环节层次与培养目标等一览表,如表1-5所示。

表1-5 高职经管专业实践教学环节层次与培养目标等一览表

实训环节	具体形式	主要实施地点	主要目的
基础实践环节	同步教学实训	校内实训中心	掌握专业知识及基础技能
	企业见习	校内、校外企业	认识企业、专业,增强职业认同感,明确发展方向
短期集中实践环节	项目（岗位）实训	校内实训中心	掌握岗位任务专业技能
	模块（岗位）实习	校外企业（基地）、校内教学企业	加强企业、专业岗位认知,学习、检查岗位技能
综合实践环节	岗位综合实训	校内实训中心	模拟职业岗位综合业务,全面锻炼专业综合应用技能
	岗位综合实习	校内教学企业、校外企业（基地）	参与职业岗位综合实战,在实践老师指导下,全面锻炼岗位综合应用技能

(续表)

实训环节	具体形式	主要实施地点	主要目的
综合实践环节	毕业论文(设计)	校内、校外企业或实训中心	培养理论联系实际、利用专业知识分析解决实际问题的能力
	顶岗实习	校外企业	培养独立完成岗位任务的综合能力

☺即时互动：试联系你所学专业分析本专业实践教学体系，并说明各环节的作用。

_____

_____

单元三　高职实践教学的实施

前文已述，从教学安排看，主要有基础实践环节、短期集中实践环节和综合实践环节三部分，基础实践环节以平时教学课程同步的教学实训为主，本单元将主要介绍同步教学实训、短期集中实践教学的实施，毕业综合实践教学的实施将在模块二介绍。

一、同步教学实训的实施

（一）教学实训的主要形式

同步教学实训与课程教改设计紧密相连，根据课程内容和特点可以采用多种形式。经管专业课程中，适合教学做一体化的课程并不算很多，首先要实操性、技能性较强，这一点比较容易符合；同时要有典型职业岗位工作任务及教学项目载体，典型职业岗位工作任务相对容易确定，教学项目载体则比较困难，更多的还是模拟或案例；再者，课程所需要的职场氛围，尤其是项目真实的运营环境（企业内部环境、人际氛围、竞争氛围等）并不是建设一个仿真的实训室就能够解决的。

以会计专业为例，《会计基础实务》基本适合教学做一体化的条件，实操性、技能性较强，有典型职业岗位工作任务（填制凭证、登记账簿、编制报表），教学载体可以选择某单位1个月的业务，会计基础工作主要是一些事务性工作，对职场模拟要求相对较低。更为关键的是，如果一个学生真能够规范、正确地完成企业1个月的模拟业务，其会计基础实务相关技能肯定达标了。《企业会计岗位核算》课程则不太适合全部内容教学做一体化，其教学项目载体确定较为困难，没有哪一个中小企业会涉及教学中的全部业务，现行的模拟大作业也不完全具有代表性，如果将教学内容所有业务全部包含则不是一个真实企业的业务了。《企业会计岗位核算》课程则宜采用模块实训式或部分内容教学做一体化更为妥当。同步教学实训方式，如表1-6所示。

表1-6 同步教学实训方式

形 式	特 点	适用对象	课程举例
教学做一体式	教学做有机结合，在完成课程项目载体的过程中完成教学	实操性、技能性较强的课程，有典型职业岗位工作任务及教学项目载体	会计基础实务营销实战
实训主导式	以实训为主展开教学，在完成实训任务过程中完成教学	实操性、技能性较强的课程，有典型的应用环境或情境	商务礼仪、沟通技巧
模块实训式	根据需要安排几个实训模块，与教学内容不强调——对应，部分环节可以教学做一体化	有一定的实操性，内容模块关联度不很紧密或不适合采用上面两种方式	经济学基础、营销基础、财务管理

（二）同步教学实训实施的思考

在课程教学设计中，并不能说什么形式最好，根据不同的课程特点合理进行选择，只有采用课程最适合的形式进行科学设计，才能真正培养学生的职业岗位能力。在几种形式中，教学做一体式无疑是最理想的选择，但并不是所有课程均适合。在教学工作中，不少课程为了迎合教学改革，盲目地进行教学做一体化的设计，结果形而上学，适得其反。

高职经管类绝大部分课程既不适合按教学做一体式的项目化课程来进行设计，也不适合仅仅完成几个实训的方式来进行设计，但又不能做成学科式、理论式的课程，模块实训式成为主要形式。课程基于"职业群分析→岗位群划分→典型工作任务→任务技能要求"的分析过程来安排内容和学习方案，针对职业岗位特点设置成基础模块、实践操作模块、拓展提升模块，基础模块与拓展提升模块采用案例分析、任务引领和问题驱动等教学方式，实践操作模块采用实训主导或教学做一体化形式，综合课程整体可以安排几个实践模块有效组织同步教学实训。

☺ 即时互动：试联系你所学专业主要课程，分析其分别适合何种教学实训形式。

_____

_____

二、短期集中实践环节的实施

高职教育不仅是学生专业技能培养的有效手段，也是学生良好职业素养形成的关键所在，高职学生成人、成才的培养目标能否实现，很大程度取决于实践教学。学生通过实践教学环节，了解与本专业有关的生产过程、生产技术和管理知识，掌握与本专业有关的基本操作技能，培养良好的职业素质和职业能力。

（一）短期集中实践与课程同步实训的比较

课程教学是高职学生学习的重要场所，也是学生从事未来职业岗位学习的基础环节，要根据岗位及相关要求设置相应的实训环节并采用适当的形式进行相应的实训，才能有效培养学生的通用技能、基本技能和专业技能。然而，由于课堂教学的特点及相关技能的特殊性，仅仅依靠课堂教学中的同步实训往往难以完全培养好学生的技能，基本技能、专业技能更是如此，在人才培养方案设置中，要根据职业、专业具体情况开设数个短期集中实践项目，让学生进一步强化通用技能、基本技能和专业技能，为岗位综合实习做好准备。

短期集中实践一般以数门或某门课程学习为基础，但主要以职业岗位要求为出发点通盘考虑，与课程可能存在一一对应关系，也可能与几门课程存在对应关系，还可能与课程不存在非常明显的对应关系。短期集中实习（实训）与课程同步实训均是后续综合实践的基础，是学生经管通用技能、基本技能和专业技能培养的主要环节，其成败直接关系到学生综合技能的学习。

短期集中实践与课程同步实训也有不少区别，短期实习（实训）时间相对集中、任务更为具体，内容通常较课程同步实训更为综合、与职业岗位结合更为紧密，更利于学生岗位能力的培养，更利于产学合作工作的推进。短期集中实习（实训）与课程同步实训的区别，如表1-7所示。

表1-7 短期集中实践与课程同步实训的区别

区别项目	短期集中实践	课程同步实训
地位	中间环节	基础环节
教学目的	以基本技能、专业技能为主	通用技能、基本技能、专业技能

（续表）

区别项目	短期集中实践	课程同步实训
时间安排	相对集中	与课程同步，相对分散
教学方式	以技能训练、点评、指导分析为主	根据课程内容灵活安排，知识与技能训练紧密结合
地点	校内、校外相结合	一般以校内为主

☺即时互动：短期集中实习（实训）与课程同步实训有哪些关系？为什么要安排一定量的短期集中实习（实训）？

_____

_____

（二）短期集中实践形式的选择

短期集中实践可以安排在校内，也可以安排在校外。安排在校内一般以短期集中实训的形式在人才培养方案中体现。部分学校也可安排一些学生在校内教学企业（如超市、旅行社等）中以实训的形式完成。随着校企合作的深入，安排在校外的短期实习由于其成本低、收效快，能在短期内让学生对企业运作、专业轮廓有感性认识的优势，成为高职院校常用的实习方式。此外，部分短期集中实践可能校内、校外结合安排，如安排学生在校内实训一定时间，再安排到企业实训一定时间。短期集中实习通常要与职业岗位相结合，我们称为"模块（岗位）实习"，要与职业岗位相对应，这样才能"工学结合"，否则随意安排企业工作就失去了短期集中实践的意义，工学交错但内容分离，成为没有明确目的的企业见习加强版。

从实践操作看，短期实习由于时间比较短，批量同学同时进行模块（岗位）实习难度较大。对企业来说，短期实习给企业带来的益处并不多，反而加重了企业日常管理的负担。寻找实习企业往往依靠学校与企业的协作关系来觅得，企业招收实习生成了一种临时性的"人情恩惠"，有时很难让学校有所选择。即使找到了对口企业，由于学生人数太多，企业无法及时消化，实习学生往往被安排在不对口的专业岗位上。实习期短导致学生很难真正深入到工作岗位中去。企业为了不影响正常的生产运营，安排的实习岗位大多数只是虚设的，缺乏真实性，大大削弱了学生实习的积极性。另外，企业出于工作的需要，有时也需要部分学生，如一些单位节日期间需要大量人手，节庆期间需要大量人员帮忙，便通过学校安排部分同学参与。学校出于单位情面，加之企业主动提出需要，对一部分专业对口，对学生专业能力也有一定提升。企业的临时性需求通常会打乱学校正常的教学计划,也缺乏稳定性和连续性。因此,学校要尽量选择一些上规模、业务稳定、管理规范的企业安排模块(岗位)实习,减少因企业人手临时不足而应急的工作实践。

从短期集中实践安排方式看,可以考虑校内、校外相结合,如景区导游实训可以在校外基地进行岗前培训,通过考核后参加景区导游实践;推销实训可考虑在校内实训室进行基础岗位技能培训,再安排到企业岗位跟岗或独立实践;另外,一些短期集中实践不适合安排到企业进行的,可考虑校内模拟项目,企业人员参与指导与考核。安排校外的短期集中实践一定要提前与企业联系达成共识,如果情况多变要有备选方案,这样才能确保短期集中实践环节的顺利进行。

(三) 短期集中实践的管理

高职院校要做好专业的校内、校外实习基地的开发与建设。组织制定实训(实习)教学大纲,实训(实习)计划等教学文件,编写相应的教材(讲义)或指导书。指导教师要选派教学经验丰富、对实训(实习)工作各环节比较熟悉、有一定组织能力的教师担任指导教师,同时应该尽可能配备一定数量的院外指导教师。按教学计划提前将学生的实训(实习)工作落实到位,并在实训(实习)前组织做好学生的思想动员、纪律与安全教育工作。深入实训(实习)现场进行调查、研究,及时解决教学过程中存在的问题,重大问题要及时上报分院。组织做好实训(实习)检查、督促、指导、总结工作。

短期集中实践的相关教学材料主要有实训(实习)大纲、实习实训计划、实训(实习)指导书和实训(实习)手册等。

实训(实习)大纲是进行实训(实习)的指导性文件,也是检查与评估实训(实习)质量的重要依据,必须按教学计划及专业培养目标来制订。大纲内容包括实训(实习)的目的、名称及主要内容、总体安排与时间分配(总学时、模块学时分配、教师指导及学生独立学时分配)、实习实训所需设备设施或条件、实训、实习报告要求,实训成果及成绩考核方式等。

根据专业教学计划和实训(实习)大纲要求,结合班级具体情况、校内外实训(实习)基地的具体情况制订实训(实习)计划,计划应保证实训(实习)大纲要求的实施。实习实训计划应包括实训(实习)目的、主要内容和要求、地点及时间与人员安排(含指导教师或带队教师)等。

根据大纲和实训(实习)计划选购或编写实训(实习)指导书,指导书应引导学生深入实际,独立思考。指导书内容应包括实训(实习)目的、实训任务具体内容及指导、实习实训所需设备设施、经费和实训(实习)参考资料等。

根据教学大纲的要求精心制订实训(实习)任务书,任务书应简洁明了。任务书内容应包括实训(实习)目的、任务和要求的详细说明,实训(实习)的组织纪律与注意事项,实训(实习)手册完成的要求,实训成果及成绩考核方式等。任务书按课题分组存档。

实训(实习)手册是学生完成实训(实习)任务的指导资料与过程、总结记录材料。实训(实习)手册至少包含实训(实习)任务书、实训(实习)情况记载和综合成绩记载表、指导老师对实训(实习)手册评价。综合考核没有实训(实习)独立过程评价材料的,建议将评价材料包含在实训手册中。

除上述实践教学基本文件外,要求存档的相关材料还包括实训(实习)成绩考核记载表等。与职业技能或职业资格考核相衔接的实训项目必须有职业技能(资格)等级证书复印件。

实训(实习)前,指导教师应做好准备工作,组织学生进行实训(实习)动员,讲清实训(实习)目的、任务与要求。指导教师在实训(实习)前应对实训(实习)过程进行精心周密的设计,并按实训(实习)教学单元编写教案,使全体学生在规定的时间内达到大纲规定的教学要求。大型实训(实习),应成立实习指导小组,设组长1名,组员若干名,组长一般由研室主任担任,也可由系主任或专业教研室主任指定。应提前与实习单位联系,确定校企双方人员。根据实习大纲要求,结合现场实际制订实习计划。大型实习评价考核一般要由实习指导小组共同完成。

短期集中实践中,学生要提高对实训(实习)教学的认识,要按大纲要求完成任务,写好实训(实习)总结,必须参加实训(实习)考核,实训(实习)成绩记入档案,成绩不及格,必须补修。实训(实习)中尊重指导教师,实训(实习)期间,未经允许不得擅自离开岗位;严格地遵守各项规章制度。实训(实习)期间一般不得请假,对特殊情况须持证明,并经系及指导教师批准方可。实训(实习)中严格遵守实训(实习)单位的规章制度及安全操作规程;遵守实习单位有关保密的规定。爱护公共财产,如有损坏丢失现象,照价赔偿。造成重大事故,须负相应责任。

☺ 即时互动:你在短期实训(实习)中遇到哪些问题?你是如何去解决的?
_____
_____

三、实践教学中的职业素质培养

(一)素质培养的主要内容

职业素质是指从业人员具有的与从事具体职业相关的、对职业活动起关键作用的内在品质和能力。一个人是否拥有职业素质是衡量人才的基本标志,职业素质是一个人职业生涯成败的关键因素,职业素质的高低直接决定了个人未来工作事业方面的成就。职业素质要素除了包括职业岗位直接要求的专业知识和实践能力，还应包括职业理想、职业道德，职业所在行业的行业眼光、知觉能力、思维方式和行为方式，以及较好的专业智能和创新潜能等。

长期以来，人们在理解高职教育的培养目标时有片面化、功利化的倾向，把高职教育等同于谋职教育、技术教育和岗前教育，把高职教育的功能也仅仅理解为为社会经济建设服务，而忽略了教育对象本身——人的全面、协调、可持续发展，忽视了高职教育的内涵已由单纯的职业技能培养发展到了学生综合素质的提高。根据时代的要求，高职教育应当将培养目标定位于把学生培养成既能适应专业技术要求的"职业人"，也能适应社会和自身发展需要的"社会人"。

职业素质教育是全方位、全员、全过程的教育，课堂教学和实践教学应该成为职业素质教育的主阵地、主渠道。实践教学应加强学生的职业道德培养，让学生了解职业道德对于其今后成长的重要性，从而树立起忠于企业、热爱岗位、立足本职的良好职业道德。

> **交流探讨：**
>
> 职业素养量化而成"职商"（英文 career quotient 简称 CQ），是指职业内在的规范和要求，是在职业过程中表现出来的综合品质，包含职业道德、职业技能、职业行为、职业作风和职业意识等方面。
>
> 那么，职业素养在工作中的地位如何呢？
>
> 《一生成就看职商》的作者吴甘霖回首自己从职场惨败者到走上成功之路的过程，再总结比尔·盖茨、李嘉诚和牛根生等著名人物的成功历史，并进一步分析所看到的众多职场人士的成功与失败，得到了一个宝贵的理念：一个人，能力和专业知识固然重要，但是，在职场要成功，最关键的并不在于他的能力与专业知识，而在于他所具有的职业素养。提出，一个人在职场中能否成功取决于其"职商"，工作中需要知识，但更需要智慧，而最终起到关键作用的就是素养。缺少这些关键的素养，一个人将一生庸庸碌碌，与成功无缘。拥有这些素养，会少走很多弯路，以最快的速度通向成功。
>
> 很多企业之所以招不到满意人选，是由于找不到具备良好职业素养的毕业生，可见，企业已经把职业素养作为对人进行评价的重要指标。"素质冰山"理论认为，个体的素质就像水中漂浮的一座冰山，水上部分的知识、技能仅仅代表表层的特征，不能区分绩效优劣，水下部分的动机、特质、态度和责任心才是决定人的行为的关键因素，能鉴别绩效优秀者和一般者。大学生的职业素养也可以看成是一座冰山：冰山浮在水面以上的只有1/8，它代表大学生的形象、资

(续上)

质、知识、职业行为和职业技能等方面,是人们看得见的、显性的职业素养,这些可以通过各种学历证书、职业证书来证明,或者通过专业考试来验证。而冰山隐藏在水面以下的部分占整体的7/8,它代表大学生的职业意识、职业道德、职业作风和职业态度等方面,是人们看不见的、隐性的职业素养。显性职业素养和隐性职业素养共同构成了所应具备的全部职业素养。由此可见,大部分的职业素养是人们看不见的,但正是这7/8的隐性职业素养决定、支撑着外在的显性职业素养,显性职业素养是隐性职业素养的外在表现。因此,大学生职业素养的培养应该着眼于整座"冰山",并以培养显性职业素养为基础,重点培养隐性职业素养。当然,这个培养过程不是学校、学生、企业哪一方能够单独完成的,而应该由三方共同协作,实现"三方共赢"。

因此,在关注水面上冰山外显部分的知识和能力的同时,更应关注水面下隐藏部分的职业意识、职业道德、职业品质和职业价值观等潜能的培养教育,它是提升大学生职业素质和职业竞争力,促进大学生成为"合格职业人"的关键所在。

☺ 思考:如何更好地培养自己的职业素养?
_____
_____

很多企业界人士认为,职业素养至少包含两个重要因素:敬业精神及合作的态度。敬业精神就是在工作中要将自己作为公司的一部分,不管做什么工作一定要做到最好,发挥出实力,对于一些细小的错误一定要及时更正。敬业不仅仅是吃苦耐劳,更重要的是"用心"去做好公司分配给的每一份工作。态度是职业素养的核心,好的态度(如负责的、积极的、自信的、建设性的、欣赏的、乐于助人等)是决定成败的关键因素。核心职业素养体现在很多方面,如独立性、责任心、敬业精神、团队意识、职业操守等。事实表明,很多大学生在这些方面存在不足。有记者调查发现,缺乏独立性、会抢风头、不愿下基层吃苦等表现容易断送大学生的前程。

☺ 即时互动一:请评价你的上述素质如何?计划如何去解决?
_____

☺ 即时互动二:优秀员工必备的职业素养有哪些?
_____
_____

（二）实践教学中职业素质培养的途径

强化实践能力的训练，突出综合技术应用能力和职业素养，是培养高技能型专门人才的重要环节。由于众所周知的主观和客观原因，我国目前并不适合全面推广"企业主导注重实践过程管理型"实践教学模式，对于绝大多数学校和专业而言，学校仍是实践教学的主导，校园实训室仍是培养学生实践的主阵地。

1. 在主动学习中培养

实训教学必须以学生为中心，评价教学活动成功与否最终是看学生的学习效果。实训教学中老师不能单方面地讲授或示范，要充分发挥学生这个内因的作用，更多时间应交给学生，引导学生进行课前的学习准备，实训指导中聆听老师、同学的交流内容，使学生更善于表达自己的意见，对不同观点提出质疑和分析辩解，对别人的质疑能较好地阐述自己的见解，并引导学生通过网络等各种方式查找获取实训相关的信息，课后做到追根究底，使学习活动更加深入。

2. 在互动实训中培养

多年的教学经验表明，绝大部分学生都愿意参加实训教学。如果实训项目设计得好，学生主观参与意识增强，实训气氛活跃，形成一种你追我赶的实训氛围，有利于实训教学的顺利开展，提高实训效率，同时在实训过程中进行师生互动、生生互动，开展如学生演示、学生讲解、分组讨论等形式的活动，给予学生发挥和展示的空间，能够激发起学生浓厚的学习兴趣。

3. 在小组协作中培养

实训教学中，相当一部分内容需要小组来共同完成，通过小组成员的合作，小组成员互帮互助、取长补短，可以让学生迅速养成良好的团队合作意识，增强团队合作能力，让学生认识到"大家好才是真的好"，为未来职场团队合作奠定良好的基础。如团队中个别同学不遵守纪律，或总是拖小组后腿，小组其他同学与其进行沟通，效果将好于老师的说教，同学在小组协作中可以体验到成功的喜悦，初步感受到职场工作的氛围，职业能力和素养在不知不觉中得到提升。此外，不同小组间的竞争，可以让学生提前感受到未来职场的竞争氛围。

4. 在指导评价中培养

传统的教学中，特别是卷面考试，考核是相对封闭的，以考试对学生的综合分数为终点，学生只能参考综合成绩估计自己的考试状况。实训教学结果评价可以综合运用多种方式，其中小组自评、小组互评和指导老师（含校内、校外）点评是非常重要的环节。相对于传统考试，实训教学的完成成果、考核过程和考核结果均是公开的。

实习成绩的结果往往涉及多方面，在小组自评中，学生通过小组讨论可以自己发现问题和不足；通过小组互评可以发现别人的优点和可借鉴之处；通过老师点评,可以认识到个人、小组在职业技能、职业认识和职业修养方面的偏差,在考核评价中得到更好的学习和提高。

实训教学评价不仅要重视实训教学结果考评,还要注重过程的考评;不仅要重视实训技能考评,还要注重非技能因素在内的综合的考评;不仅要重视个体的考评,还要注重团队的综合的考评;不仅要重视校内老师的考评,还要注重校外老师考评和学生的自评和互评。

学生通过评价,可以增强对团队精神和团队成果的重视,突出对实训过程的态度、对活动的参与情况、个体能力的发挥、具体操作和行为的过程性考核的重视。重视对过程性、阶段性和结果性的学生互评和自评,有利于促进学生的自主性和自我管理、自我评价的能力的培养。此外,在实践指导中,教师可以从多角度去引导、启发学生,使学生在实践能力得到提升的同时,综合素质得到同步提升。

> ✋ **交流探讨:**
>
> 　　在认知实习中,学生深入到企业与员工、管理人员接触,学习职场人员的优秀品质。在实习过程中,通过对工厂的了解和与工人、技术、管理人员的交流,对所学专业的认识有所加深,有助于培养学生的事业心、使命感和务实精神,激发学生刻苦学习的热情,为更好地适应今后的工作做一些准备。
>
> 　　近年来,工厂和企业越来越不愿意接受学生认知实习,其主要原因是:学生到工厂和企业实习,一般很难直接给企业创造利润,相反会给工厂和企业带来管理上和生产上的不便;企业以利润为中心,不少企业规模较小且管理不规范,不愿承担人才培养任务;合资企业、独资企业由于害怕技术和管理方法被泄露以及实习会给企业带来管理上的不便而不愿接待。因而为了确保认知实习的效果,学校必须建立一批稳定的实习基地,否则认知实习无法正常进行。
>
> 　　认知实习的指导工作好坏关系到实习效果的优劣。在指导工作中,单位指导教师非常重要。为了保证认知实习的质量,首先要有相对稳定的指导老师,保证其在实习期间要有合理的指导时间;其次是选择责任心强的专业教师;再者是对实习企业的工艺流程、基本的管理规章和实习任务等进行系统的培训和布置,使教师先对相关知识有全面的掌握,明确学生在认知实习中应该达到的要求。指导工作中,指导教师可以联系单位各项管理制度、生产流程和生产管理经验给学生深入介绍,学生在整个实习过程中,充分发挥学生学习主动性、积极性,在生产现场细心观察,虚心请教,积极思维,多方了解,大胆提出自己的想法,在有限的实习时间里,使诸方面的能力都得到锻炼。

(续上)

> 　　实训(实习)期间,学生必须认真做好实训(实习)笔记,按期完成实训(实习)课题作业,实训(实习)结束时,按实训(实习)大纲要求参加实训考核或上交实训成果,完成实训(实习)手册,并按时交指导教师批阅。
> 　　☺思考:如何更好地利用认知实习这一手段让学生更好地走进企业、深入实践?
> _____
> _____

模块二　高职经管专业综合实践指导

模块导读

综合实践是实践教学的最终环节,也是实现高职人才培养目标的关键环节。它以行业及职业岗位要求为背景,以就业为导向,以提高学生综合职业能力为目标,采取仿真、全真实训的形式(即仿真、全真的工作任务、工作环境、工作过程及过程管理、绩效考核等),为学生顺利就业铺平道路。

本模块主要向您介绍毕业综合实践教学的组织与管理、综合实践总结写作的相关问题。

单元设置

单元一　综合实践的组织与管理
单元二　综合实践总结写作指导

单元一　综合实践的组织与管理

一、综合实践的主要环节

综合实践是指学生在完成主要专业课程的学习和各主要技能专项实训后、毕业前,综合运用本专业的主要知识和技能集中进行的综合性、系统化的职业岗位训练。综合实践环节包括岗位综合实训(实习)与顶岗实习和毕业设计等环节。

目前高职经管类专业普遍采用2+1或2+0.5+0.5(或4+1+1)的模式,即最后1年或近1年的时间安排学生参加综合实践,将最后1年或1学期称为顶岗实习。

高职经管类专业2+1与4+1+1实践时间安排,如图2-1所示。

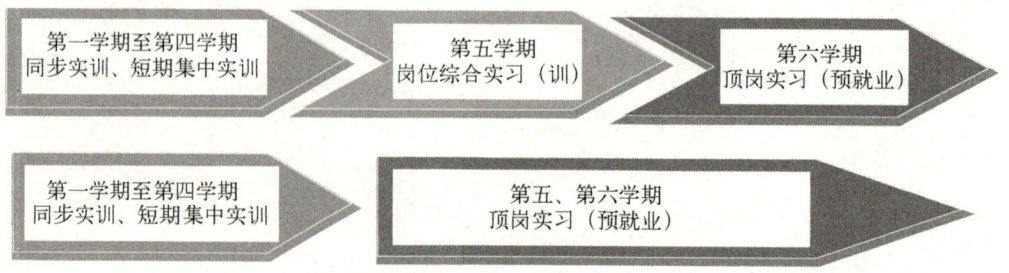

图2-1　高职经管类专业2+1与4+1+1实践时间安排

从形式上看,以上两者似乎没有太大区别,但深入比较毕业综合实训(实习)与顶岗实习便会发现,2+1中的1并不等于2+0.5+0.5中的后两个0.5。岗位综合实训(实习)与顶岗实习的比较,如表2-1所示。

表2-1　岗位综合实训(实习)与顶岗实习的比较

比较内容	岗位综合实训(实习)	顶岗实习
实践目的	为顶岗实习做准备	为顺利就业做准备
实践内容	可模拟、仿真或真实业务	真实企业真实业务
实践方式	在老师(含企业老师)指导下完成(师傅带徒弟)	在单位领导安排下完成(领导管员工)
实践地点	校内和校外实训中心、企业	拟就业企业

（续表）

比较内容	岗位综合实训（实习）	顶岗实习
单位选择标准	校企长期合作、职业岗位能力培养等主要因素	个人发展、区域环境、行业发展、薪酬待遇、家庭等因素
单位确定方式	以学校为主	以学生个人、家庭为主

岗位综合实训（实习）根据专业、学校、区域的实际情况可以综合考虑安排在校内实训中心或教学企业、校外企业（基地）完成，可根据专业特点、工学结合企业数量及质量等相关因素考虑具体采用何种形式。岗位综合实训（实习）形式的选择，如表2-2所示。

表2-2 岗位综合实训（实习）形式的选择

形式	适用专业	专业举例	地点	指导形式
岗位综合实习	单个单位需求量大、容易快速上岗、易于工学结合的专业	营销、连锁等	校外企业为主（需符合学校相关要求）	学校企业双导师、共育共管
岗位综合实训	单个单位需求量小、涉及单位运营机密、不易于工学结合的专业	会计、国贸等	校内实训中心为主	学校老师为主，企业导师参与辅导与考评

☜ 交流探讨：

顶岗实习（预就业）在企业完成，以就业为导向，限于学校人力、物力及企业经营管理实际情况，对学校而言更多的是"放羊"式，过程与结果往往是不可控的。从目前高职院校现状看，"三座大山"压在头上，前有招生压力，后有就业压力，中间还有教学评估。就业数据不好就影响招生，招生不好则影响学校的生存，教学管理往往让位于学生就业需要。

顶岗实习则变相成为就业、择业的代名词，如果毕业综合实践形同虚设，学生所得便是2年的琐碎知识与一些单项技能训练，必然会影响学生毕业后的就业与发展。结果在当前十分注重以就业率为考核标准的导向下，不少学生从事了与本专业没有什么关联的职业岗位，从事本专业职业岗位的同学也因为综合能力缺乏、没有什么竞争优势而不断改换门庭。

造成上述结果的原因固然很多，诸如就业形势严峻、学校考核压力大和区域经济发展落后等，从教学角度分析关键源于学校实践教学环节缺失、学校教

(续上)

> 育短斤少两,学生从没有经历过综合、仿真顶岗实训(实习)等毕业综合实践环节,对真实岗位不熟悉、没有岗位实战综合能力、对职业能力没有信心,即使从事本专业职业岗位也没法顶岗,只能是跟岗或做一些与本专业岗位没有多少关联的琐事。毕业综合实践衔接短期独立实训与毕业顶岗实习,是必不可少的。2+1模式中最后1年称为学生顶岗实习,其实本质上还是毕业综合实习。因而,学校不应该在最后1年放羊式管理,最起码前一学期不能如此,否则便是对学生严重不负责任。
>
> ☺思考:为了实现毕业真正能够顶岗,结合本专业实践分析,本专业实践教学时间如何安排更加合理?
>
> 我们为什么要到一个叫"公司"的地方做一件叫"上班"的事?
>
> 企业与学校有什么区别?
>
> 老师与老板有什么区别?
>
> 同事与同学有什么区别?

二、综合实习安排存在的主要问题

岗位综合实习是目前不少专业在岗位综合实践第一个阶段采用的主要方式,岗位综合实习安排不仅涉及学校、学生、企业等方面,还涉及家长、社会等方面,目前岗位综合实习的安排存在不少问题。

(一)学生实习单位选择的主要问题

1. 对毕业综合实践认识不到位、目标错位

岗位综合实践的目的是通过岗位实践提高学生的专业技能和综合素质,而不

是就业挣钱。但由于顶岗实习环节是带薪实习且和就业相联系,不少学生对顶岗实习的认识存在片面性,认为顶岗实习就是就业,对企业条件、工资待遇考虑得过多,而忽视了顶岗实习的实质——实习。

☺ 自我剖析：不少人心里想,我在单位上班就要领工资,工资高我就会努力工作。这种想法对吗？你认为实习的主要目的是薪水吗？为什么？试分析你的工资从哪里来。你的报酬除了薪水还有什么？
_____
_____

你选择实习单位的标准是什么？说出你的原因。
_____
_____

什么情况下你会考虑更换实习单位？
_____
_____

2. 对自己定位不清,职业生涯发展规划出现偏差

不少学生对自己缺乏客观认识,对未来职业生涯缺乏科学的规划,梦想短期快速成功,不能正确处理眼前利益和长远利益的关系,不能正确认识理想和现实的关系。多数学生目标意识不强,没有对自己的人生做一个很好的规划。在校学习不努力,在单位实习不专业,好高骛远,挑肥拣瘦。不符合用人单位的需求,不适应社会的需要。大多数学生对实习抱有较高的期望,不愿意从事职业首岗最基础或最基层的工作。面对不同单位与岗位的差异性,学生还容易出现攀比心理,主要表现为"怕吃亏、怕脏怕累"等,这种心态对实习单位的落实和今后的发展非常不利。

☺ 自我剖析：你认为自己目前能够从事什么工作？优势是什么？劣势是什么？你近3年有什么规划？
_____
_____

如何在实习中让自己增值？
_____
_____

3. 社会能力欠缺,沟通、应变、适应、择业等生存能力不足

部分学生的语言表达能力、社交能力和创新能力需进一步提高,综合素质也有

待加强,不能适应企业的用人要求。不少学生不能适应角色的变换,错将老板当老师、将实习单位当学校、将同事当同学、将工作当居家。

一些学生身心不健康,不能适应企业激烈的竞争环境,性格孤僻自闭自卑,人际关系不和谐,缺少爱心、缺少吃苦耐劳的精神。不能顺利处理工作中的各种关系,遇到一点点问题就大呼小叫。工作环境有一点点不如意就要走人,不能摆正心态,自以为是,以为实习单位少了他(她)就无法运行。

> ☺自我剖析一:你认为自己沟通、应变、适应能力如何?如果存在一些问题,你的应对措施有哪些?
> _____
> _____
>
> ☺自我剖析二:在学校学过不少管理知识,在工作中却发现用不上。到了单位还要从最底层做起,共事的员工文化层次与素质都不高,感觉有点大材小用、怀才不遇。如何看待以上困惑?
> _____
> _____

(二)学校综合实习安排中的主要问题

学校在安排实习单位时,面对大量学生,通常缺少大量专业对口的单位供学生选择。绝大部分专业只能由学生自主联系,没有实习单位质量控制标准和审核环节。

学生自主联系的顶岗实习单位五花八门,管理水平千差万别,部分单位难以安排高水平的指导教师指导学生并协助学校进行管理,多数企业以经营用工为出发点,也不愿在学生培养上进行投入。

> ☺换位思考:你认为学校可以采取什么措施解决实习安排?
> _____
> _____

(三)企业在吸纳实习学生中的主要问题

企业使命决定了企业以盈利为根本目的,通常没有长久的人才眼光与具体策略,不愿意承担人才培养责任,只招收有一定工作经验的人员,不愿意招收实习生。另外,部分企业缺乏基本的良知与职业道德,只是将学生作为廉价劳动力,作为成本控制的重要手段,对学生疏于管理,加班干活如同正式工,报酬苛刻视为临时工。

☺ 换位思考：如果你是企业主，你对吸纳实习学生持何种态度？你将如何协调与实习学生的矛盾？

_____
_____

三、综合实习安排的主要模式

目前，高职院校一般采用分散式实习和集中式实习两种模式。

<u>分散式实习</u>是相对集中式实习而言的，指学生通过各种途径自行联系实习单位。分散式顶岗实习使学生能够根据自己的特点和实际情况，自行安排或者通过教师指导的方式安排实习单位和实习方式，学院在管理中采用的是一种比较松散的管理方式。

<u>集中式实习</u>是指学生在顶岗实习单位安排中由学校统一安排到一批单位相关岗位中参加实习。集中式实习能够充分利用学校实习单位平台，提供一批专业对口的岗位，在实习单位和指导教师的共同指导下，学生能够比较深入地接触生产和生活的各种情况，是一种比较严格的管理方式。

（一）分散式实习的优、缺点

1. 分散式实习的优点

一是可以与就业充分结合，实习目的更加明确。学生自己选择自己的实习单位，更多地从就业角度确定地区和行业，一般选择本专业相关的或者是自己感兴趣的企业来实习。学生自己选择的实习单位，认可度相对较高，学生在实习中具有较强的积极性。

二是可以充分利用学生、家长等各种资源，企业更容易接收。学生在顶岗实习单位选择中，可以根据自己的实际情况，根据自己意向、家庭的社会资源等选择实习时间和实习地点，可以自己与对方商议具体工资待遇和工作岗位等具体细节问题。学生实习分散，各个接受单位根据自己实际情况确定需要人数及具体岗位和工作内容，企业需要接收的人数相对较少，便于实习单位安排实习工作，操作性强。

三是有利于学生生存能力和就业的培养，有利于学生职业生涯规划的提前实践。学生自己寻找实习单位，本身就是对学生就业能力的培养和锻炼。学生通过在自己希望的企业实践，有利于就业能力的提高，学生根据自己的职业生涯规划，可以提前介入，在毕业就业前对自己的未来有了清晰的认识，为今后的就业或创业创造有利条件。

2. 分散式实习的缺点

<u>一是部分学生实习单位难落实、单位质量普遍不高</u>。目前,部分同学眼光较高、好高骛远,加之一些专业相关的岗位又有自身的特殊性,单位对接受毕业实习客观上有限制,主观上有顾忌。学生在寻找实习单位过程中由于对自己缺乏合理的定位、对社会存在必要的认知,高不成、低不就。笔者在工作中发现,采用分散式顶岗实习的班级每年统计学生实习单位非常麻烦,不少同学给指导教师的回复总是在联系中,甚至到学期中还不能落实。部分同学在教师的催促下,随意选择一家实习单位交差,结果实习没有什么收获,丧失了分散式顶岗实习的优点。很多学生名义上是自主实习,实际上并没有真正的实习单位,实习答辩中一问三不知,顶岗实习对这部分学生而言一无所获,成为名副其实的"废品"。

<u>二是部分单位实习任务不专业</u>,实习内容与<u>专业不对口</u>。从学生分散式顶岗实习的单位看,不少学生即使找到了实习单位,但在实习单位所从事的工作与他们的专业关联性不大,一些同学甚至从事了与原专业毫不相关的工作;从事的主要工作大都是非专业性的,如做文字工作、打杂之类,这样的实习还是没有达到预期的目的。从人才培养方案及实施效果看,顶岗实习对这部分学生而言虽然有所获,但从专业角度看仍然是"半成品"。

<u>三是轮岗、转岗非常困难</u>,<u>实习指导不到位</u>。单位以岗位实际需要吸纳学生实习、学生以未来就业导向参加实习,这就决定了学生实习岗位与内容只能是企业实际需求的真实内容。因而,学生只能在一个岗位上实习,很难接触到分散在其他岗位上的业务;从时间层面上来看,不少专业业务发生在分散的不同时段,很多业务内容在学生实习期间并不一定会涉及,由于岗位的分散和实习时间与业务发生时间的不一致导致实习内容分散化,也严重影响了学生毕业实习的效果,从专业角度看,学生成为名副其实的"次品"。此外,学生自主联系单位管理水平参差不齐,不少单位无法配备合格的指导教师,对学生缺乏业务指导,一些学生干的是农民工的活、拿的是临时工的工资。

<u>四是实习地点分散</u>,学校管理困难,对学生指导、<u>监控难度大</u>。学生实习地点分散,有时分布在全国各地,日常管理只能通过电话、QQ等方式进行,部分同学到外地后经常换手机,又不及时与校内指导教师联系,常常处于失控状态。不少单位对学生指导培养不重视,没有专人负责,学校无法与企业及时沟通,不能了解学生真实的实习与生存情况。校内指导教师不了解企业、工作具体情况,也不能给学生提供真正的业务指导。部分学生单位更换频率高,电话中给出的单位与实际实习单位不符,甚至没有实习,笔者在历年实习检查中碰到不少类似的情况。

(二)集中式实习的优、缺点

1. 集中式实习的优点

<u>一是实习岗位、任务与专业对口</u>。一般都由学校统一组织安排到校外实训基地,单位相对稳定,学生不需要为单位无法落实而苦恼!每个单位人数较多,岗位也可能适当分散,部分单位还可以根据岗位需要进行轮岗。即使不能进行轮岗,同学们在不同的岗位上实践,也可以相互交流,增强对相关岗位的认识。

<u>二是管理规范</u>,校企双方共管共育。实习单位一般与学校均有良好的合作关系,有专业的管理人员,能够配备专业的指导教师。单位相对集中,甚至全在一个单位,学校可以安排专门的指导教师驻企业指导或经常走访,双方共同沟通、共同管理学生的日常工作与生活。

2. 集中式实习的缺点

<u>一是适用范围有限</u>,不具有普遍性。目前,集中式顶岗实习主要适合于企业需求量大、行业背景比较突出的专业或学校。只有实习基地建设规范、数量众多或需求学生较多的专业才适合集中式顶岗实习。

<u>二是岗位通常比较单一</u>,综合性不强。由于经济业务的实战性,没有任何一家企业可以将全部岗位让实习生来担任。能够批量接受大量实习学生的岗位大都是一些劳动密集型岗位,与专业相关的岗位一般也是首岗为主且相对单一。

<u>三是与就业联系度相对较低</u>,学生有逆反心理。集中实习安排单位地点、环境、待遇等往往与学生心理有较大偏差,部分学生有逆反心理,无法安心完成实习,甚至与实习单位产生一些纠纷,实习效果大打折扣,也影响与实习单位的长期合作。从多年实践看,大部分集中实习安排单位最后学生就业者比例较小,因实习留用率低,部分实习单位合作热情降低。

> ☺即时互动:你希望参加"分散式实习"还是"集中式实习",为什么?请详细说明你的观点。
> _____
> _____

四、综合实习安排的模式优化

我国高职教育目前尚处于发展初期和上升期,高职实践教学水平同发达国家相比还有较大的差距,企业重视程度、国家配套支持政策、社会环境(重学历轻技能)均与国外职业技术教育较发达的国家有很大差异,德国的"企业主导注重实践过程管理型"对绝大部分学校而言没有可操作性,只有立足我国实际、因地制宜才能确保顶岗实习的教学质量。

近年来,随着高职学生人数的增长,对于绝大部分学校、绝大部分专业而言,少数单位集中式顶岗实习安排已经越来越不现实,分散式顶岗实习仍是实习安排的主要方式,但分散式的许多问题是显而易见的。不少学校在实践中让学生自己先找实习单位,同时学校或指导教师联系部分单位,当学生无法落实实习单位时再推荐到联系的单位。在操作中同样存在不少问题:学生自己先寻找而无法落实实习单位,通常要滞后正常实习安排一两个月,单位无法根据学校的需要无限期等待;无法落实单位的同学通常是个人过于挑剔或能力相对较差的,实习单位一般要进行面试,通常面试不会通过;实习单位勉强接收实习学生,实习效果也差强人意,还影响学校与企业的长期合作。

综合实践安排的模式优化与质量监控流程图,如图 2-2 所示。

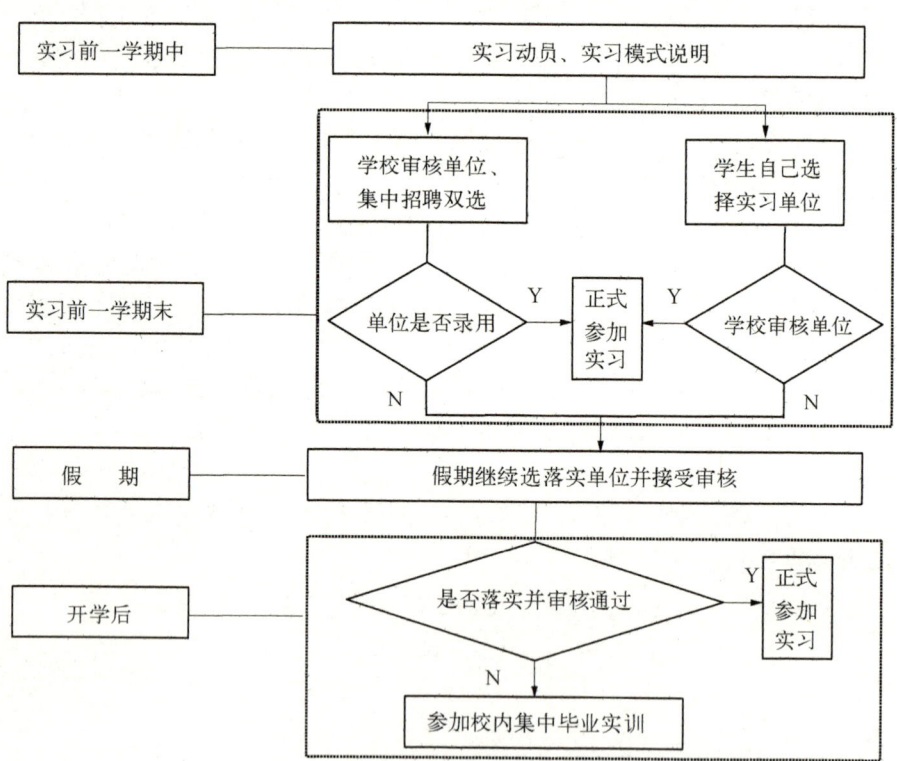

图 2-2　综合实践安排的模式优化与质量监控流程图

通过流程优化,充分结合了各种实习单位安排方式的优点,考虑了学生和用人单位的意愿,有机组合学校平台的统一推荐安排、学生个人意愿与资源的充分运用,增加了学校审核与"校内集中毕业实习"这一模式,杜绝学生随便找个单位应付了事、放羊式的管理模式，同时也避免拉郎配式的统一安排模式。

> ☺即时互动：找实习单位不容易，为什么学校还要审核实习单位？如果找到单位就认可，会有什么后果？
> _____
> _____

五、模式优化的关键要点

为了确保模式优化的效果，在实习安排中，要针对各个环节采取相应的措施，保证优化模式的顺利实施。首先，在实习前一学期中，要从心理准备、思想状态、爱岗敬业等方面教育动员学生，让学生及早有思想准备。要充分说明实习的意义及各种模式的优点和缺点，让学生从自己职业生涯发展的高度决定自己的选择，只有学生认可才能在实习中取得良好的效果。同时，根据目前实施的毕业实习教学管理办法，对毕业论文（报告）等实践环节，都应有详细的指导，并把要求和规定编入到实习手册中，分发给每个学生，使学生在实习前就了解相关制度及评价标准。

（一）学校充分利用社会资源，打造双选平台

现在的学生个性较强，企业功利性也较强，学校夹在两者之间，一方面要维护学生的利益，另一方面又需要加强与企业合作实现共赢。学校需要进一步加大校外实习基地的建设，使学生能够通过稳定的校外实习基地，获得良好的实习机会与实习环境。

每年大量学生走向工作岗位，加之企业经营状况瞬息万变，仅仅依靠原有的几个实习单位远远不能满足学生培养的需要。学校必须加大校企合作平台的打造力度，与更多的企业建立相应的合作关系；在合作中，对于专业对口、对学生培养比较重视、注重校企合作、具有教育亲情和实力的企业要优先安排双方双选。同时为了确保人才培养质量，学校也要有选择地淘汰一批不合格的合作单位，如一些与学生专业没有任何关系，纯粹以使用学生廉价劳动力为目的，对校企合作没有任何积极性，对以往学生管理、培养缺失的单位。学校应该广泛联系用人单位，同时加大选择，只有对学生职业生涯成长有利的单位才能积极向学生推荐并安排学生双选。

（二）加强自主联系单位学生沟通，严把审核关

对于自主联系单位的同学，要提前安排好校内实习指导教师，定期联系（如要求学生每周汇报一次），及时跟踪，掌握学生最新动态。学生自主联系时，单位审核是关键，审核中主要关注几个方面：单位管理水平能否为学生提供必要的指导和认真、合格的校外指导教师；单位区域、具体地点是否方便学生管理、是否存在安全

隐患；具体工作岗位是否与专业对口，对学生专业能力培养是否有帮助；单位是否利于学生未来就业能力提升或直接吸纳学生就业等。对以上几点审核要实行一票否决制，学生填写实习单位申请表，申请表上要求拟实习单位提供相关指导教师信息，指导教师或教研室先初审，初审通过学校（系、分院）再综合审查，凡是没有在规定时间内落实实习单位的同学，或虽然找到实习单位，但不符合教学要求学校审核没有通过的同学统一参加校内集中毕业实习。

（三）细化工作，做好校内集中综合实训

校内集中综合实训的基本思路是指将分散、无组织、自主活动的学生集中起来，让每一个没有找到实习单位的学生都有像在实习单位一样的实训机会，将发生在不同时间、不同岗位、不同企业的典型业务和管理类活动由熟悉业务的人员进行收集，整理成企业综合实训业务资料，学生在校利用校内仿真或全真实训条件，在教师指导下有组织地完成综合实训任务。"校内集中综合实训"是拟在解决分散式顶岗实习和集中式顶岗实习两种模式存在的问题基础上提出来的，它可以有效地解决学生实习单位联系难、工作岗位层次低和实习指导不到位等诸多问题。

校内集中综合实训方案要明确实训目标、内容、组织形式、地点（环境）要求、指导和考核评价等环节的具体内容。实训目标要明确校内集中毕业实训的专业能力、方法能力和社会能力等职业能力及职业素养的培养目标。实训内容要围绕专业职业岗位工作任务来确定，可从工作岗位出发，选择1个或多个轮换岗位作为载体，或从经营管理项目、任务出发，通过综合项目完成来培养学生的综合职业能力。实训指导既要遵循经管管理的规律，又要遵循教学规律。必要时，要组成一个指导小组。

校内集中综合实训的基础是要提前收集相关资料，资料要保持真实性和原始性，然后外聘有经验的企业和学校老师将这些资料进行编撰，做到业务内容与真实企业活动相一致，岗位操作内容与材料要求相一致，材料的真实性和内容的综合性相一致，整合后的材料做到完全仿真。"校内集中综合实训"的关键是有一支专兼结合、专业水平高的指导教师。企业业务骨干往往时间比较紧，实施中可以校内指导教师为主，企业教师定期指导，同时聘请部分企业退休的有经验的专业人员，对毕业生实习进行指导，让学生在校内实习中能够比较好地接受专业知识和技能的训练，从而充分培养学生的职业素能。学校还需要加强校内实习基地（特别是校中店、校中厂等校内教学企业）的建设，通过校内的实习基地，为校内集中毕业实训提供良好的支撑。

此外，在时间安排上，"2+1"的可以考虑安排第一学期，第二学期以学生就业为导向自主选择，"2.5+0.5"的可安排2～3个月，最后留部分时间让学生寻找就业单位。

综上所述，学生实习单位的选择对人才培养质量有着举足轻重的作用，甚至是关键性的,只有因校制宜、因地制宜、因人制宜多模式并行,才能充分调动学生的主观能动性,充分利用社会各方面资源做好实习单位的落实。

☺即时互动:如果没有落实合适的实习单位,校内集中毕业实训有必要吗?如何提高校内集中毕业实训的效果?

六、综合实践管理

综合实训一般在校内完成,管理难度不大,这里主要说说岗位综合实习与顶岗实习的管理。

(一)岗位综合实习管理

综合实习过程中,学生相对集中,但各实习单位要求不完全一样。学生较集中的单位可以安排教师驻扎在企业(中间也可以老师轮换),学生相对分散的实习单位可以一个地方或区域安排1~2位老师或经常到学生顶岗实习企业去看望学生。指导教师要了解顶岗实习学生和实习单位基本情况,在顶岗实习期间要依据人才培养方案制订每月详细的工作计划,并进行实施。

毕业综合实习由于在校外单位真实岗位完成,管理工作类同顶岗实习,学生开始不太适应企业工作节奏和严格的管理制度,指导教师要协助单位进行认真疏导;学生工作内容与学习内容可能不一致,后续课程学习与工作也可能缺少必然联系,要通过沟通让学生明白工作与学习的关系。在实习之初,带队教师要成为学生的"总管",负责与学生有关的事务,还要逐步引导学生处理好和公司师傅、领班、经理的关系。尤其是对学生在头1个月常会出现的急躁、心理落差、叫苦抱怨等问题,教师要及时予以疏导教育,帮助解决。在学生上岗2个月后,教师要慢慢放手,培养学生独立解决工作与生活中各种问题的能力。

校外综合实习是顶岗实习的预演,是部分专业学生集体走入社会的第一步,是学生锻炼职场素能的第一步,组织有序、管理规范、引导得当,必将对学生今后工作、学习产生良好的影响。

☺自我剖析一:一般学校都要求学生一个星期主动联系指导老师一次,你认为必要吗?

(续上)

> ☺自我剖析二：你能够按照要求主动联系指导老师吗？如果不能说明什么？
> _____
>
> ☺自我剖析三：你会发短信吗？你发的短信有称呼和落款吗？
> _____
>
> ☺自我剖析四：工作汇报短信内容如何组织？试组织几条试试。
> _____

（二）顶岗实习管理

顶岗实习与毕业综合实习有些类似，但单位分散、学校与多数单位以前可能没有沟通，管理难度比毕业综合实习更大、情况更加复杂。

1. 做好实习、就业指导，做好岗前培训与职业规划

学生进入企业之前，学校通过各种讲座、主题班会、家长会等形式开展组织动员，使学生与家长提高对顶岗实习目的和意义的认识。加强职业指导课程和职业生涯规划课程的实效性，从思想上和心理上做好实习与就业的充分准备，通过举办讲座和个别指导相结合的形式，帮助学生处理好职业理想和就业起点的关系，职业生涯发展方向和企业条件待遇的关系，使学生能够冷静地选择顶岗实习企业和岗位。

学校要有计划地加强与优质企业的联系，将其作为重点合作对象，拓宽实习岗位渠道；同时提前聘请企业人员、以前毕业生对学生进行岗前培训，使学生对企业概况、产品、工艺、岗位情况、规章制度等有初步认识，为企业接收实习学生打下良好基础；还要帮助学生做好职业生涯规划工作，让学生从进入校门起就对他们今后从事的职业有一个加强爱岗敬业精神和遵守劳动纪律的企业文化与校园文化的对接教育，有针对性地进行人生观、价值观和心理挫折教育，让学生树立吃苦耐劳的思想。

2. 及时沟通，校内指导教师、班主任双线共通

顶岗实习是学生真正步入社会的开始，教师只有对学生指导到位、关爱到位，学生才能更好地克服实习中的心理障碍及各种实际困难，实现顶岗实习目标，达到理想的实习效果。因而，选拔和培养一支品德高尚、工作能力强的实习指导教师和班主任队伍，做好学生思想教育、管理和服务工作，发挥联络沟通桥梁作用，是抓好顶岗实习管理环节的关键点之一。在顶岗实习管理过程中，校内指导教师、班主任要有机组合，关心学生，及时与学生沟通，掌握学生的实习现状及心理动向，进行深入的交流，将意外事件消灭在萌芽状态中。

现在不少学生对老师有抵触情绪，通常对老师有一些成见，将老师定位于自己的对立面，认为老师的主要任务就是监督、管理自己。实习过程中，部分学生联系信息经常更换，又不主动汇报指导老师，无法正常联系，处于失控状态。班主任要充分利用班级同学联系紧密的特点，充分利用班干部、有一定影响、表现优异的同学，及时掌握学生的最新联系方式与工作、生活现状。

在学生下企业之前，指导老师要提前与学生沟通，建立互信。指导老师可以介绍自己实习中的一些体会、历届同学在实习中遇到的一些问题，不要开口就是同学要如何如何，了解同学有什么不清楚或担心的问题，进行个性化指导，让学生对自己产生信任，与学生成为无话不谈的朋友，这样，学生就会主动联系老师并畅谈实习生活中的点点滴滴。

顶岗实习指导教师每周利用电话、网络等现代通讯手段与学生联系，及时了解、掌握学生顶岗实习中的情况和问题。目前，为了加强实习学生的日常管理，不少学校都开通了网络平台，网络平台为督促师生及时联系架起了良好的沟通平台，但千万不要过分迷信或依赖网络平台，实践证明网络平台中许多同学、老师只是例行公事式地汇报平安，并没有深入的交流，加之部分同学因工作原因不方便上网，不能解决实践中的各种问题。有时候，学生工作很忙，或遇到一些不开心的事情绪低落，指导老师要经常主动地联系学生，倾听学生的一些抱怨，让学生有一个倾诉的空间。指导教师要有耐心、爱心，使学生感觉特别亲切，愿意把憋在心里的话向老师倾诉，从而缓解了心理压力，在日常交流中让学生客观地认识自己、认识社会，形成良好的职场心态，让学生学会如何进行团队合作，如何进行沟通，如何适应企业管理与企业文化等，充分体验技能型人才的工作岗位和职业素质要求；同时，教育学生要有危机意识，不能安于现状，要充分利用工余时间自觉学习，不断提高自身的综合素质。

☺ 自我剖析：手机号码你会常换吗？为什么？手机号换了你需要做些什么？

_____

_____

3. 加强管理、校内校外齐抓共管

在顶岗实习中，学生更多的时间在实习单位，企业的文化、管理水平、单位指导老师的个人素质、责任心对学生均会产生很大的影响。校内指导教师要经常与企业及企业指导教师联系，共同关心、爱护学生，让学生认清"上学"与"顶岗"、"上课"与"上班"、"在校学生"与"企业员工"之间的联系与转换，真正认识到从锻炼心态和态度开始才能成功，最终让学生调整心态，正确定位，合理确定期望值，消除对基层基础性工作的抵触情绪。在实践中使学生明确"责任"、"质量"、"吃苦"、"忍耐"和"纪律"在企业的重要性。

指导教师还要深入学生实习单位探望学生，与企业人士座谈，了解学生的表现并征求企业对学校工作的意见，加强与企业的沟通，帮助解决学生存在的实际问题。学生通过双方实习指导教师和企业管理人员的引导，逐渐体会到在职业岗位上只有自觉遵守规章制度，忠实履行爱岗敬业、诚实守信的职业道德规范，才能较好地解决实习岗位中遇到的各种困难和挫折，保证职业活动的顺利进行。

学生顶岗实习后，学校可以召开全系优秀顶岗实习学生报告会。各专业群推荐数名在顶岗实习中表现优秀的学生发言，介绍他们成功的经验、失败的教训及顶岗实习的感悟，激发学生在今后的工作中更加努力，发愤图强，开拓创新，奔向美好的未来。

☺ **自我剖析**：工作出了点小问题，同事或领导批评你，你怎么办？
_____
_____

工作中因某些误会领导对你有误解或成见，你怎么办？
_____
_____

✋ **交流探讨**：以下是笔者管理实习期间一位同学内心的真实写照，我们很感谢这位同学大胆地讲出内心的真实困惑，同时也希望给其他同学作为参考，希望大家能够端正心态，调整好自己，更好地适应社会，适应工作岗位要求，在工作中做出优异的成绩！

学生网络留言：我就想不通，我们实习了呀，很忙，好不容易有点时间还要来写什么汇报。就算是我们工作中遇到什么问题来请教老师，但是老师能给我们实质性的回答吗？很多时候还不是要我们自己来解决。一年回次学校就行呗，中途还要回去，要知道我们现在工作了，回校是要请假的。我们回去做个答辩还不就是个形式，你们学校……

看到学生在网络的留言，笔者及时在网络上做了如下回复：

这位同学，你好！首先感谢你讲出你的心里话，虽然是匿名的，我很理解你的心情，因为我们也是从学生过来的！

(续上)

> 不过坦率地讲,你的想法很不成熟,很孩子气!请原谅我的直言!
>
> 你说:"很忙,好不容易有点时间还要来写什么汇报。"
>
> 汇报其实何尝不是你自己对工作内容、心得整理提升的过程?你真忙到了做点思考、写点汇报的时间都没有了吗?
>
> 你说:"工作中遇到什么问题来请教老师,老师不能给出实质性的回答,很多时候还得靠自己来解决。"
>
> 老师其实更多的是起到一种沟通、联络作用,从方向上做一些指点,具体问题当然要靠单位导师、靠你自己来解决!你能自己来解决问题,说明你的能力有所提高,实习达到了一些效果!
>
> 你说:"一年回次学校就行呗,中途还要回去。"
>
> 我们一学期只要求回学校一次,中途没有其他要求!
>
> 你说:"回校是要请假的。我们回去做个答辩还不就是个形式。"
>
> 在单位实习回校本来就是要请假的,这是常识!答辩有它的形式,更有它的内容!你不会告诉我你从小学上到大学到现在就是个形式吧?
>
> 你说:"你们学校……"
>
> 从你的角度看好像有些问题,应该是"我们学校……"虽然我们不是这所学校毕业的,但我们对外都说"我们学校……"这也是一个常识!
>
> 你很有思想,但我想提醒你,"态度比能力重要,情商比智商重要"!
>
> 希望你能如解决工作中的问题一样调整好自己的心态,祝你工作做得更好!
>
> ☺思考:如何调整好自己的角色和定位,处理好学校、企业两方面的要求?

4. 重视毕业设计项目的指导

毕业论文(设计)是学生专业能力的综合运用,要求学生充分调研、认真思考、运用相关研究方法,在教师指导下独立解决实际问题。为确保高职毕业论文(设计)教学质量,高职院校必须加强对毕业论文(设计)过程管理,对毕业论文(设计)工作中的立题、指导、中期检查、毕业论文(设计)评阅和答辩等环节均有明确的管理规范和检查制度。

在毕业论文(设计)教学工作开始前,可与顶岗实习合并安排动员工作,让学生对毕业论文(设计)有较明确的认识,根据内容模块,安排教师组织专题讲座,介绍毕业论文(设计)写作的相关意义、方式和组织安排,举办历届优秀毕业论文(设计)

展示,组织应届毕业生参观翻阅历届的优秀毕业论文设计,使学生对做好毕业论文设计有一个感性的认识,并激励学生认真做好毕业论文设计工作。

指导教师在学生论文选题中,应要求学生不能好高骛远,要立足单位、岗位工作实际,勤于观察、多学善问、深入思考,结合单位、岗位实际确定问题的着眼点;同时又不能就事论事,要从理性高度寻找问题的关键所在和解决措施;此外,选题要与个人职业生涯发展相结合,学生实习开始一般从事首岗中低端没有技术含量的工作,如果没有奋发进取的雄心,甘于现状或怨天尤人,必然不利于学生的可持续发展,可以鼓励学生做好现有岗位工作,关注提升岗位相关工作并做些深入研究,为未来职业岗位升迁早做准备。引导学生多问几个问题:选题内容我熟悉吗?我能够完成吗?选题与我的实习单位或工作有关系吗?从单位领导、单位指导教师角度看对单位有参考价值吗?对选题能够运用我的专业知识来分析吗?选题对我的未来职业发展有帮助吗?

指导教师应定期了解学生的论文情况,指导学生查阅文献、定题、修改等具体工作,并将指导内容记录在案。在指导毕业论文(设计)的过程中,老师与学生可以互相学习、互相切磋、互相启发、互相激励,使学生在毕业设计中学到的是课堂上学不到的东西,为今后走向工作岗位奠定良好的基础。

单元二 综合实践总结写作指导

一、认识综合实践总结

综合实践总结是对该阶段进行总结与说明的书面材料,是反映学生毕业实习完成情况的一个主要内容,也是对毕业生的又一次培养和训练。

撰写综合实践总结能够使指导教师较全面、具体地了解学生的实习收获和有关情况,便于检查理论与实践相结合的教学效果;同时,也有利于学生总结实习过程中的经验、教训,加深对理论知识与实践技能的理解,为顺利就业打下良好的基础。

二、综合实践总结的特点

1. 真实性

真实性是综合实践总结首要的、基本的特点,实习总结中涉及的人物、事件要真实,事件发生的时间、地点、背景、过程、原因和结果要真实,实习的感受也要真实。为此,每位实习者要提前做好思想准备,树立认真实习、如实报告的意识,在实习过程中,随时记录实习情况,以便积累真实的材料,为最后写出内容丰富、材料翔实、观点鲜明、感受深刻的实习总结创造条件。

2. 针对性

综合实践总结必须是针对实习生实习的实际情况,解决实习过程中的实际问题而撰写的。在写作上,必须紧密结合实习工作,重点突出,明确提出所针对的问题,明确阐述所获得的事实材料,分析问题的症结所在,提出具体可行的建议。

3. 总结性

写作综合实践实习总结,不仅要写出"做了什么"、"做得怎样",还要写出实习的感想和体会。只有真实、全面地对实习情况做好总结,才能有所收获,从而不断提高自己职业岗位的综合能力。

4. 全面性

综合实践总结是学生对专业教学中最后综合性实践教学环节的总结,综合实践总结要有别于平时教学中的短期实践总结,需要学生对大学近3年所学、自己专业及社会和方法能力进行综合评价与反思,从个人职业生涯发展角度深入思考分析、总结提高,为今后职业发展指明方向。

三、综合实践总结的格式

实习总结的一般格式是:标题+专业班级、署名+正文+致谢。

---

1. 标题

标题要写明实习类型,如《毕业实习总结》。

2. 专业班级、署名

在标题下方写明专业班级和署名。实习总结有统一封面的,专业班级和署名按照规定写在封面的指定位置上。

3. 正文

正文一般由"引言+实习基本情况+实习任务与完成情况+实习感受"四个主要部分构成。

(1) 引言。引言是实习总结的开头部分,主要概括实习的时间和收获,用词要简明扼要。

(2) 实习基本情况。实习基本情况主要由"实习时间+实习单位与指导师傅+实习岗位简介+实习具体任务+实习过程"等内容构成。

(3) 实习任务与完成情况。实习任务与完成情况主要由"本人承担的主要工作任务+实习中的问题及解决方法+实习任务的完成情况"等内容构成。

(4) 实习感受。实习感受主要由"实习收获+实习体会+问题与探讨"等

(续上)

内容构成。
(5) 致谢。致谢是对实习和报告写作中给予帮助的指导教师、指导师傅及其他人员表示谢意的文字,以示对别人劳动的尊重。

四、综合实践总结的写作要求

1. **材料真实可靠**

实习总结取材于实习活动的真实过程,作者必须以客观的态度反映实习的真情,不能胡编乱造。

2. **格式全面完整**

实习总结要根据规范的要求,该写的都要写完整,尤其是正文部分的内容要全面,不能缺漏。

3. **感受要有新意**

实习总结的重点和难点在于写好感受,感受要真实,要有新意,不能人云亦云。感受有新意才能不断提高,不断进步。

五、综合实践总结常见的问题

1. **流水记录,缺乏梳理**

实习总结要忠于实际,如实记载实践情况,但不能仅是流水账式的记载,应该对实习期间的工作进行综合梳理、归类整理。

2. **人云亦云,没有主见**

实习总结要结合自己实践的客观情况和自己的主观感受认真分析,不能假而空,要真且实。总结不要无病呻吟,要基于自己工作实践有感而发。

3. **内容浮浅,没有深度**

毕业综合实践总结不是工作的简单描述,也不能用来发泄怨气。毕业综合实践总结要联系自己的专业和个人规划,认真分析实践中的所得及存在的问题,为自己今后职业生涯的发展进行深入的思考并进行深入分析,为今后发展指明方向。

六、综合实践总结实例评析

×××××学院毕业实习报告
(财务信息管理专业　×××)
为期3个多月的毕业实习已经结束,我增长了见识,拓展了视野,加深掌握

(续上)

了本专业的知识和技能,不断积累了宝贵的阅历和经验。现将我实习的相关情况报告如下。

一、实习基本情况

(一)实习时间

实习从2009年2月15日开始,到2009年5月31日结束。每周周一至周六,上午8:00到下午5:30。

(二)实习单位与指导师傅

我实习的单位是浙江盛源空压机制造有限公司。这是一家集科研、开发设计、贸易、制造、销售于一体的现代化企业,已通过ISO9001国际质量体系认证,以专业技术人才不断创新的意识雄踞行业之前列,以真诚与坚定的奉献信念赢得了市场与用户的信赖,产品畅销国内外。公司拥有一流的厂房、先进的生产设备和检测设备,还有一支训练有素的员工队伍。主导产品有:活塞式低噪无油、有油空气压缩机、牙科静音空气压缩机、螺杆式空气压缩机、油水分离器等。

企业的指导师傅是一个经验丰富的人,已经从事这个工作岗位6年之久。虽然她来到这家公司才2年的时间,但是她对这家公司非常了解。在我实习期间,她主要教我手工填写入库单、出库单,登记明细账、总账、日记账,编制会计报告、报表,通过财务软件填制凭证,管理往来账,每月计提核算税金、费用和折旧等项目,在网上报税及出口等。她让我学到了很多在课本上都学不到的东西,我很感谢她这几个月的认真教导,让我懂得了许多东西。

(三)实习岗位简介

我实习的工作岗位是会计助理。会计助理顾名思义就是协助主办会计做事情,主要内容是:

(1)核签、编制会计凭证,整理保管财务会计档案。

(2)登记保管各种明细账、总分类账。

(3)定期对账,如发现差异,查明差异原因,处理结账时有关账务的调整事宜。

(4)填制会计表单,编制会计报告、报表。

(5)具体执行资金预算及控制预算内的经费支出,管理往来账、应收应付款、固定资产、无形资产,每月计提核算税金、费用、折旧等费用项目。

(6)完成财务经理交办的其他工作。

二、实习任务与完成情况

(一)本人承担的主要工作任务

在实习中,本人主要负责以下几个方面的工作:

(续上)

  (1) 手工登记明细账、总账。
  (2) 利用财务软件填制凭证,开增值税专用发票。
  (3) 根据报表在网上报税。
  (4) 外账的备案、交单、核销。
 (二) 完成实习任务的主要过程
 1. 熟悉会计制度,了解会计做账的工作流程
  在这个工作岗位实习的时候,一定要对会计相关的制度有一定的了解,并且了解会计助理的岗位职责、工作要求以及能力体现。最基本的就是要知道会计做账的工作流程。
  (1) 根据出纳转过来的各种原始凭证进行审核,审核无误后,编制记账凭证。
  (2) 根据记账凭证登记各种明细分类账。
  (3) 月末作计提、摊销、结转记账凭证,对所有记账凭证进行汇总,编制记账凭证汇总表,根据记账凭证汇总表登记总账。
  (4) 结账、对账,做到账证相符、账账相符、账实相符。
  (5) 编制会计报表,做到数字准确、内容完整。
  (6) 将记账凭证装订成册,妥善保管。
 2. 熟悉并掌握财务办公软件的操作
  管理往来账,查询银行存款的余额,看看自己做的账是不是出现负数,银行存款和现金是不是够付款。对自己做错的凭证要学会自己检查错误,这些都是对会计助理的基本要求。
 3. 查漏补缺
  看看这些账中有没有你不熟悉的或者说是没学过的,慢慢地充实自己,使自己对所做的内账更加熟悉,掌握得更好。==此处使用第一人称更合适些。==
 (三) 实习任务的完成情况
  我刚进公司的时候什么也不懂,我虽说是读这个专业的,但是毕竟学的是理论居多,真正的实践经验还是很少的,很多事情看起来简单,做起来却是很难的,一不小心就会出现错误。刚进厂的时候,他们的话听起来也是云里雾里的,反应也比较慢,但是经过一段时间的锻炼,我发现慢慢地跟上了他们的脚步,慢慢地熟悉了做账的基本流程,把自己所学的理论知识和实践结合起来,做起事情也不会虽然知道这么做但不知道这样做的原因。做内账看似在学校都是学过的,那些会计分录也不会很难,有些比在学校所学的财务会计要简单很多,但要求仔细、耐心以及认真的工作态度。我的师傅是一个很好的人,经验也很丰

(续上)

富,从她身上我学到了很多东西,对自己的工作情况挺满意的,我想我在几个月中达到了实习的目的,也相信毕业以后自己也能独立做事。

三、实习感受

(一)实习收获

这次实习真的让我受益匪浅。它让我知道了什么是做账,账按照内容可以分为内账和外账;让我了解了做内账的基本流程,也发现会计具有很强的连通性、逻辑性和规范性。以前我总以为我们的专业是财务信息管理,所在的公司用的财务软件也是用友ERP,应该说是很熟练的,后来我发现在学校里学到的知识是多么表面化,看上去好像都是很熟悉的,但真正在这边公司实行起来却是困难重重。

经过这几个月的实习,我知道了很多细节的事情,如查往来账可以知道我们到底有多少账款没有收到或者是我们有没有把款项付给人家。查看明细账可以知道我们做的账有没有错,错在哪里。以前在学校学习,查账这一大块的内容都忽视掉了,在现实中它是如此重要。所在的公司虽然是电脑记账,但是很多也是要手工做的,像资产负债表、利润表,还有明细账等,在这里我把手工和电脑操作真正地联系起来,发现了很多问题,也懂得了很多事情。收获建议分层次写,本文过于简单。

(二)实习体会

1. 做事要用心

刚到公司的时候,师傅就叫我先看她们以往所填制的会计凭证。由于以前在暑假里有过类似的社会实践经验,所以对于凭证也就一扫而过,总以为凭着记忆加上大学里学的理论对于区区原始凭证可以熟练掌握。也就是这种浮躁的态度让我忽视了会计循环的基石——会计分录,以至于后来我尝到了填制凭证的难处。于是只能晚上回家补课,把公司日常较多使用的会计业务认真读透。毕竟会计分录在书本上可以学习,可一些银行账单、汇票和发票联等就要在实习时才能真正接触,从而有了更深刻的印象。对于这些单据也别以为仅仅认识就行了,还要把所有的单据按月、按日分门别类,并把每笔业务的单据整理好,用图钉装订好,才能为记账做好准备。制好凭证就进入记账程序了。虽说记账看上去有点像是小学生都会做的事,可重复如此大量的工作如果没有一定的耐心和细心是很难胜任的。虽然我实习所在的地方使用的是电脑填制凭证还较省力,但有很多事情还是要用手工做的,像登记银行日记账、现金日记账和报表,这些都要有很大的耐心。因为一出错并不是随便用笔涂了或是用橡皮擦涂就算了,每一个步骤会计制度都是有严格要求的。开始时,整天要对着枯燥

(续上)

无味的账目和数字,我不免心生烦闷、厌倦,以至于登账登得错漏百出。越错越烦,导致"雪上加霜",我的那本日记账也是被我改得不像样子,但是后来我发现只要你用心地做,反而会左右逢源越做越有乐趣,越做越起劲。清朝改良派代表梁启超说过:凡职业都具有趣味的,只要你肯干下去,趣味自然会发生。因此,做账切忌粗心大意、马虎了事、心浮气躁。==虽然是通用的道理,但能够联系工作实践分析。==

2. 做人要好学

我所在的单位是一般纳税人企业,所以是要开增值税专用发票的,但是如何开票,我们在学校里没有学过,到底如何开呢?师傅也是很认真地教我,她说这个一定要用针式打印机,而且发票也要去税务局买,开错了还要作废,去买票的时候还要把这些作废的发票给税务局的人看,所以开票一定要仔细,开好之后我们要留下记账联,以后可以做账用;还有人家给我们的抵扣联也是要认证的,这就要用到扫描仪,只有通过认证的才能抵扣,然后25份一本装订起来,留底在单位里。我认真按照师傅的要求去做,不懂就问,学会了开增值税专用发票。

3. 搞好人际关系很重要==标题过于口语化。==

除了工作上的事情外,我还学到了很多在学校里难以学到的东西。要学会与同事们相处,于是在实习时我便观察前辈们是如何和同事以及上级相处的,而自己也尽量虚心求教,不耻下问。要搞好人际关系并不仅仅限于本部门,还要跟别的部门,如营销部的同事相处好,工作起来的效率才高,人们所说的"和气生财"在我的日常工作中也得到了印证。而且在工作中常与前辈们聊聊天不仅可以放松一下心情,而且可以学到不少工作以外的事情,尽管许多情况我们不一定遇到,可有所了解也能心中有底。

==体会与专业有一定结合,但缺乏更多对自己专业能力方面的分析。==

(三)问题与探讨

财务做账是公司很重要的组成部分,财务做账的好坏也要影响公司的效益。例如税金这一块,如果你不熟悉或者你忘了在规定的时间内去报税,就要被罚款,这样就会影响公司的利益,当然你如果不熟悉流程,也会影响到公司的正常运转。

会计做账具有很强的连通性。每一笔业务的发生,都要根据其原始凭证,登记记账凭证、明细账、日记账、三栏式账、多栏式账和总账等可能连通起来的账户。我们做账一定要小心,否则真的是牵一发而动全身。这些都是通过软件来完成的,在这方面,我所在的公司做得还是很不错的,发挥了物尽其用的功

（续上）

能。但是在管理这一块当中存在一定的问题和不足，这些经常影响我们财务做账，像营销部经常到了月底的时候才把发票送上来，但是财务在这个时候都关账了，这一沓发票送上来就会打乱财务做账，很多又要重新计算；公司的文件传输系统并不是很好，各部门及每个员工间不能自由、快速、安全地传递各种数据文件，大大降低了办公效率，很多时间他们都要自己跑到财务室来，而不是通过电脑来传输，这些都需要我们不断改进。

用科学的管理方式进行财务会计管理将成为公司管理中的一种制度优化手段。对财务管理完全实现信息化管理，不再用手工进行报表的填写、账本的登记，而是完全用电脑操作，进行相关数据的处理，这将是未来发展的趋势。

问题与探讨不仅可以探讨工作任务本身，还可以讨论实习单位管理、自己个人能力等诸多方面，尤其是自身方面应该深入分析，并提出自己的措施，本文在这方面有所缺失。

（此文根据包绵阳等主编：《高职高专毕业综合实践指导》一书例文改写而成）

模块三　毕业论文(设计)指导

模块导读

　　毕业论文(设计)是教学计划中十分重要的综合性实践教学环节,是高校实现人才培养目标、提高培养质量的关键环节。毕业设计是学生学习能力、动手能力、实践能力深化和提高的一次演练,是学生综合运用所学知识、独立完成课题的一次重要实践。

　　本模块主要向您介绍毕业论文(设计)写作、答辩等内容,就毕业设计(论文)写作中的相关问题与您作深入探讨。

单元设置

单元一　毕业论文(设计)写作指导
单元二　毕业论文(设计)答辩指导

单元一　毕业论文(设计)写作指导

经管专业一般要求学生完成毕业论文,即要求在学业完成前写作并提交与专业相关的论文。毕业论文反映了学生掌握专业知识水平以及学生自主运用所学知识进行科学研究的能力,是毕业生总结性的独立成果。然而,高职生受到生源水平等诸多因素制约,加之许多学校按照传统本科论文要求标准适当降低要求后来要求高职学生,与高职教育目标严重背离,脱离高职学生学情,高职生毕业论文写作实践中普遍存在写作目标不明确、态度不端正、内容抄袭、写作水平低下等问题。本节将就高职经管专业毕业论文写作相关问题作深入分析,并对高职经管专业毕业论文写作与指导作详细阐述。

一、认识毕业报告

(一)初识毕业报告

撰写毕业论文的主要目的是培养学生综合运用所学知识或技能、理论联系实际、独立分析解决问题的能力。高职的毕业设计应侧重于"以就业为导向"和培养学生的"职业能力",突出职业岗位分析应用能力。经管专业通常以毕业论文作为毕业设计的具体形式,传统的毕业论文写作与高职教育目标不符,对学生能力提高没有太大意义,高职毕业论文应更加强调职业岗位的应用性,属于应用性论文范畴。

<u>高职的毕业论文(设计)应与职业岗位实践紧密结合、与专业密切关联,主要培养学生利用所学专业知识、结合企业管理实践中存在的问题,锻炼其分析解决实际问题的能力。</u>

特别说明:为了区分传统以学术性为主的研究性论文,本书以下将高职经管类专业应用性毕业论文称为毕业报告。

☺即时互动:高职的毕业报告有什么特殊要求?
_____
_____

(二)区别学术论文与毕业报告
1. 学术论文的特点
(1)学术性。学术是指较为专门的、有系统性的学问,学术论文是学术成果的载体,它的内容是作者在某一科学领域中对某一课题进行潜心研究而获得的结果,具有系统性和专门性,而不是点滴所得。学术性可以体现在推翻某一学科领域中的某种陈旧的观点,提出新的见解;可以是将分散的材料系统化,用新的观点或新的方法加以论证得出新的结论;还可以在某个学科领域中经过自己的观察、调查、实验,有新的发现、发明或创造。

(2)科学性。学术论文的科学性主要是指作者能用科学的思想方法进行论文写作,并得出科学的结论。学术论文要求作者在立论上不得带有个人好恶的偏见,不得主观臆造,必须切实地从客观实际出发,从中引出符合实际的结论。在论据上,应尽可能多地占有资料,以最充分的、确凿有力的论据作为立论的依据。在论证时,必须经过周密的思考,要尊重客观实际,坚持实事求是,进行严谨的论证。科学性是学术论文的灵魂,没有科学性的"学术论文"是没有生命力的。

(3)创新性。科学研究是对新知识的探求。创造性是科学研究的生命。学术论文的创造性在于作者要有自己独到的见解,能提出新的观点、新的理论。这是因为科学的本性就是"革命的和非正统的","科学方法主要是发现新现象、制定新理论的一种手段,旧的科学理论就必然会不断地为新理论推翻。"(斯蒂芬·梅森)因此,没有创造性,学术论文就没有科学价值。

(4)理论性。学术论文应具有一定的理论价值,要揭示事物的本质,反映客观规律。在写作中,作者须用大量的可靠材料,运用科学的方法,对本质的东西加以剖析,对规律性进行探讨。这就要求作者不仅要对所研究的对象有全面的认识,而且还要通过论证、阐发,将自己的发现和认识提高到理论的高度。学术论文在形式上属于议论文,但它与一般议论文不同,它必须有自己的理论系统,不能只是材料的罗列,应对大量的事实、材料进行分析、研究,使感性认识上升到理性认识。一般来说,学术论文具有论证色彩,或具有论辩色彩。论文的内容必须符合历史唯物主义和唯物辩证法,符合"实事求是"、"有的放矢"、"既分析又综合"的科学研究方法。

☺ 即时互动:学术论文有什么特点?阅读一篇本专业学术论文,体验学术论文的特点。

_____

_____

2. 高职毕业报告的特点

毕业报告是高职学生综合应用能力的体现,也是获取毕业证书的必要条件之一。毕业报告不仅要"发前人所未发,想前人所未想",更强调利用相关专业知识解决实际问题。

(1) 应用性。应用性是指毕业报告论述的内容在企业、行业实践或学生个人职业发展中应具有实用价值和现实意义。撰写毕业报告是学生利用大学近3年专业所学综合解决实际问题的第一次尝试,因此,从选题到研究,都必须始终面对现实,研究新情况,解决新问题。

撰写毕业报告必须坚持理论联系实际的原则,在选题和观点上都必须注重联系实际,密切关注顶岗实习单位、行业或地区出现的新情况、新问题、新热点。要做到理论联系实际,就要深入联系实践工作,进行相关调查研究。学生只有深入到顶岗实践中去,与实践单位相关人员广泛接触,获得大量的感性材料,掌握第一手资料,然后运用科学的逻辑思维方法,对这些材料进行去粗取精、去伪存真、由此及彼、由表及里的加工制作,才能从中发现有现实意义且又适合自己研究的新课题。

高职毕业报告的应用性,还表现在毕业报告的内容不能太空、太虚,通过毕业报告的写作不仅要锻炼学生的写作能力,更重要的是要提高学生分析、解决问题的应用能力,同时毕业报告内容本身要能够帮助学生自己解决一些问题,或能为实习单位某些方面提供必要的建议与参考。

(2) 岗位性。岗位性要求毕业报告的选题来自岗位一线,提倡真题真做,非常强调岗位的贴近度。完成毕业报告的过程,就是分析问题和解决问题的过程,学生在完成来自岗位一线的毕业报告选题过程中接受锻炼,对工作中的相关问题深入剖析,运用专业能力提供可行的措施。

(3) 专业性。专业性要求高职高专毕业报告的选题一般限于本专业之内,不可撰写非本专业的内容,强调专业的贴近度。要用本专业所学的知识来分析、解决实际问题,这是检验毕业报告质量高低的主要标准。专业性要求毕业报告不能写成工作汇报或总结,虽然后者也有一点专业性,但总体来说过于感性、肤浅,缺少透过现象看本质、由一般到特殊的理性分析。

需要指出,从岗位性、专业性两方面评价选题,常常会出现贴近岗位远离专业或贴近专业远离岗位的情形,这主要有两方面原因,一是学生实习岗位与专业关联度太低,二是对专业性的理解过于狭隘。因而学生的实习应该与专业相关联,不能没有任何关系,否则无法培养本专业相关综合应用能力,学生成为本专业的半成品;另外,专业性理解应该扩展到学生主体专业、紧密关联,甚至非紧密关联的相关专业,但一定要与学生专业有关联,否则学生写不出有专业见解的报告。

(4) 实证性。实证性要求毕业报告通过对研究对象大量的观察、实验和调查,获取客观材料,从个别到一般,归纳出事物的本质属性和发展规律,找出问题和解决方法。

毕业报告要将论点建立在客观事实及其分析上,重客观事实及分析。高职经管类专业更强调调查性实证,根据实践中掌握的专业知识,联系工作中所获取的资料进一步探索调查对象在某方面表现出的规律性特征,运用专业知识和分析方法,进而提出解决问题的措施或设想。实证分析中可定性也可定量,通过顶岗实习获得的资料、数据(含二手资料、数据)分析来证明自己提出的观点。

> ☺ 即时互动:毕业报告有什么特点?阅读一篇本专业毕业报告,体验毕业报告的特点。
>
> _____
>
> _____

毕业报告与学术论文的区别,如表 3-1 所示。

表 3-1　毕业报告与学术论文的区别

区别项目	学术论文	毕业报告
题目取向	学术性	应用性
文章目的	理论研究探讨	解决实际问题
题目范围	宏观、理论 (国家、行业、地区为主)	微观、具体 (具体企业、个人为主)
确定题目的必要条件	深入研究理论前沿 准确把握发展趋势	必要的专业知识与实践 理论联系实践的深入思考
顺利行文的必要条件	充分积累、分析相关资料	必要的实践与调研、大量专业资料的占有

> ☺ 即时互动:从表 3-1 分析,你认为毕业报告与学术论文在写作上会有哪些异同?
>
> _____
>
> _____

(三)区别实习总结与毕业报告

实习总结也是实习后完成的文字材料,它主要立足于个人感悟、工作及单位实际,重在个人工作的介绍、分析、总结提高,在力求客观描述的同时加入了许多个人主观的感受。

毕业报告则强调综合运用专业知识,在充分调查的基础上对相关情况作客观分析和评价,更加强调从专业的角度对某一问题作客观的分析。毕业报告与实习总结的区别,如表3-2所示。

表3-2 毕业报告与实习总结的区别

区别项目	毕业报告	实习总结
写作视点	真实调研、客观分析	个人实践、主观感受
写作人称	第三人称	第一人称
专业要求	较多运用知识	适当运用知识
写作内容	相对专业、范围小	相对宽泛、范围大
语言风格	简洁专业	感性描写

☺即时互动:从表3-2分析,你认为毕业报告与总结在写作上会有哪些异同?
_____
_____

二、毕业报告的类别

高职经管专业毕业报告的类别主要有方案设计类、创业计划类、调查报告类和研究探讨类等类型。

（一）方案设计类

方案设计类是指学生联系单位经营管理实践、运用专业知识、参考相关资料提出某一方面的流程或方案,如某企业产品某地区市场推广方案、某单位某方面业务流程调整方案、企业管理规范设计等。

例如,《中小企业所得税的筹划方案探讨》这一报告选题,可把所学的财务会计和国家税收理论用于分析某一企业的所得税形成因素,从合理、合法的角度提出税收筹划方案。

☺即时互动:试结合专业草拟一批方案设计类选题(至少3个)。
_____
_____

（二）创业计划类

创业计划类是指围绕一个具有市场前景的产品或服务，描述公司的创业机会，阐述创立规划进程，分析所需要的资源、风险和预期回报，并提出行动实施方案。

近几年来，面对越来越大的就业压力，很多大学生选择自主创业。许多高校也都鼓励学生自主创业，并引导学生由择业向创业转变。高职学生进入社会，其竞争力本来就不强，如果能在毕业前夕的报告写作环节为自己量身订制一份创业计划书，则不仅能将几年所学的理论知识灵活运用于实践，而且还能解决实际的就业问题。因为一份完整的创业计划书必须包括市场和战略、操作、团队以及筹资方式、投资方式和财务分析等经管类专业必需的知识的运用，其撰写过程本身就是对学生专业知识的一次综合考查。高职教学强调技能的培养，学生毕业后从事的都是一些实践性强的工作，所以相对于写常规的毕业报告来说，创业策划书更适合高职学生。创业计划类毕业报告将提交给老师评审，有指导老师为学生提出相关意见，帮助他们今后创业，可谓一举多得。

☺即时互动：试草拟一批创业计划类选题（至少1个）。
_____
_____

（三）调查报告类

调查报告类是指学生在毕业实习的基础上针对实习单位或实习地区某些方面完成一篇毕业实习调查报告。调查报告原则上要以学生自己的工作或实习单位为背景来写，要求用自己所学的理论加以分析说明，要有自己的观点。

调查报告也是一种论文，但它与一般意义上的学术论文不同，是一种应用性的论文，可以作为管理人员提交给企业经营层的专题性意见或建议。采用调查报告这种毕业论文形式的优点在于能使学生知晓如何观察、如何调查、如何作样本分析，从而掌握分析问题和解决问题的普遍方法。而且选题务实、学生积极性高、更能体现校企合作、工学结合的要求。调查报告一般要附调查问卷、表格、原始数据统计附表等相关资料。

☺即时互动：试草拟一批调查报告类选题（至少3个）。
_____
_____

(四)研究探讨类

研究探讨类是指学生运用专业知识联系实践中的某个方面深入研究,分析现状、找出原因并提出合理的策略或思考。研究探讨类报告是学术性论文的应用版,是毕业报告的主要形式之一,学生可以围绕工作内容结合自己所做、所见、所闻、所感认真思考,选择某一特定问题深入剖析,针对这一问题展开讨论,不仅对企业经营管理有重要的参考价值,对自己分析解决问题的能力提高也非常有帮助。

研究探讨类毕业报告一般强调运用专业知识解决单位个性化的问题或从新角度分析并解决旧问题。

> ☺ 即时互动:试草拟一批研究探讨类选题(至少3个)。
> _____
> _____

三、毕业报告的格式标准

齐全、规范的格式是评价毕业报告的重要依据标准。毕业报告的格式包括标题、内容摘要与关键词、引言、正文、结论和主要参考文献等部分。

1. 标题

标题点明报告的主要内容,根据需要也可以有副标题,对主标题内容进一步限定和说明。

2. 内容摘要与关键词

内容摘要一般是200字之内的一篇完整的短文,简明扼要地归纳出报告的基本内容,阐明作者的观点,提出解决或应对的建议。使读者不用阅读报告的全文,就能获得必要的信息。

关键词指根据报告内容,提炼出贯穿报告始终的、关键的、出现频率较高的几个词组。

3. 引言

引言主要叙述作者实习的基本情况,如实习岗位、做了哪些工作、对岗位职责的理解等选题的主要背景等。引言不要与内容提要雷同,也不是内容提要的注释。

4. 正文

正文是实习报告的主体部分,占据了报告的主要篇幅,直接决定实习报告的质量与水平。

(续上)

> 对正文的评价,主要从论点、材料、结构、语言风格等方面进行。
> 5. 结论
> 在前面叙述分析的基础上,作者最终应该就提出的问题或现象得出结论,不能是各段的小结和简单的重复。
> 结论要明确、精炼,根据需要自然安排,不要为了形式而特别设置。
> 6. 主要参考文献
> 主要参考文献是对文章中的词语、内容、引文出处等作的说明。

四、毕业报告的选题

题好一半文,一个好选题的确立等于一篇报告已经完成一半。实践表明,如果选题选得好,可能出成果快;反之,就会导致研究中途夭折或研究成果不佳。正确而又合适的选题,对撰写毕业报告具有重要意义。好的选题符合毕业报告的标准(不会因题目不符合要求在答辩评阅时一票否决)、学生有内容可写(不会半途而废换题目)、使报告内容有价值(报告对学生职业发展及企业或行业有一定的参考价值),作者通过毕业报告写作职业能力得到快速成长(达到毕业报告的培养目标)。

(一) 选题的含义

选题是指在对已获取的大量材料进行分析研究的基础上,提出问题,确定报告研究和写作的方向与目标。简言之,选题就是选择、确定报告所研究的对象和方向。

选题包含以下几层意思:一是指研究领域的选择和确定;二是指研究论证的基本问题,即论题或主题的选择和确定;三是指文章题目的选择和确定。

在上述三种理解中,分别涉及"课题"、"主题"、"标题"三个概念,这三个概念是不同的。概括地说,课题是研究的方向和范围,主题是作者写作意图的体现,标题则是文章的命名。从研究的过程来看,首先需要确定研究的课题,在此基础上才能选择论文的主题,最后才能根据论文的主题和内容来确定论文的标题。因此,选题其实就是上述三个步骤的有机统一,缺一不可。

对于经管专业毕业报告而言,选题在很大程度上指的是对报告主题和报告标题的选择。其中,报告主题解决的是"写什么"的问题,它属于内容要素;而报告的标题是根据论文的内容进行的高度概括,它属于形式要素。

(二) 选题的意义

1. 选题是评价报告的首要内容

选题不仅仅是给报告定一个题目和简单地规定一个范围,也是报告评价的重要内容之一。报告内容不符合要求将会一票否决。选择一个好的题目,需要作者经过多方思索、互相比较、反复推敲并精心策划,根据题目能够提前对报告作出基本的估计,具有一定的预测性。

2. 选题可以助于资料的搜集

选题确定后,作者可以有目的地搜集选取与选题方向相关的资料。通常在确定题目前,资料准备尚不够充分,究竟搜集哪一方面的材料、哪些资料有用、哪些资料没用、需要补充哪些知识,只有确定报告的论述方向,知识资料的准备才能够更集中一些。

3. 选题有利于提高学生分析应用能力

毕业报告写作要以丰富的专业知识和必要的专业实践为基础,但丰富的专业知识和必要的专业实践只是毕业报告写作的必要条件,并不是充分条件。一个人的分析应用能力不会自发地产生,而是在使用知识的实践中产生的,即在工作的实践中、自觉地加以培养和锻炼才能获得提高。另外,一个人的分析应用也不会因为参加工作就会自动产生,只有结合工作实践主动思考才能真正提高分析应用能力。选题是毕业报告写作的第一步,选题本身就是对学生分析应用能力的一次综合锻炼与评价,学生更应该积极重视在选题的过程中提高自己的分析能力。

在开始选题到确定题目的过程中,分析思考能力都可以得到初步的锻炼和提高。选题前,需要学会收集、整理、查阅资料等研究工作的方法;选题中,要对已学的专业知识反复认真地思考,并从一个角度、一个侧面深化对问题的认识,从而使自己的归纳和演绎、分析和综合、判断和推理、联想和发挥等方面的思维能力和研究能力得到锻炼和提高。

☺ 即时互动:如何认识选题的意义?自我评价自己的分析思考能力如何?怎样进一步提高?

_____

_____

(三)选题的准备

1. 要尽可能全面地占有资料

作者充分占有一定资料是毕业报告理论与实践相结合并获得一些创新的基础。资料可以分为原始资料和二手资料。前者是通过实地调查研究等方式获得的第一手资料;后者则是别人搜集、整理并发表过的资料,大多来源于各种书报杂志、网络、研究报告等。由于第一手资料的获得成本较高,时间较长,对于经管专业毕业报告而言,大多数报告的写作都是利用二手资料提炼而成的,实践单位资料可以通过一手、二手两种方式取得。

> ☺即时互动：确定一个选题方向，通过期刊网站搜集10篇相关资料，草拟一个题目。
> _____
> _____

2. 要有理论与实践相互联系的深入思考

毕业报告要联系职业岗位工作实践选题，必须占有并学习大量同类主题的理论与实践资料，必须对工作实践有一定的认识，如果某项工作属于程序化、规范化的常规工作，即使有一些值得探讨的内容，可能并没有深入探讨的价值。毕业报告写作的过程是一个继承与发展的过程，选题时应着重考虑那些已有前期成果的课题，或者是自己曾有过比较深入地思考并有内容可发掘的课题，或者是属于自己擅长的、感兴趣的研究领域的课题，寻找理论与实践的合适的结合点。

3. 要有充足的研究时间

写作毕业报告需要一定的时间做保障。如果时间短，就应选择较小的课题；如果时间充裕，就可以选择稍大的课题。无论课题大小，都必须留下足够的时间准备、写作、修改。一般而言，从选题到最终定稿至少2～3个月。毕业报告写作要早计划、早准备、早动手。

> ☺即时互动：有的同学选题非常随意，看到别人一篇文章立即调整下或将原题直接作为自己的选题，请问选题前要做哪些准备工作？如何做这些准备工作？
> _____
> _____

（四）选题的原则

1. 难易适中，大小适宜

选题的方向、大小、难易都应与自己的知识积累和分析能力、写作经验相适应。报告题目的难易要适中，一般不要写行业性及较大区域性的题目，不要写学科或岗位式的大题目，选题既要有"知难而进"的勇气和信心，又要做到"量力而行"。

首先，题目的难易要适中。如果难度过大，超过了自己所能承担的范围，一旦盲目动笔，很可能陷入中途写不下去的被动境地，到头来迫使自己另起炉灶、更换题目，这样不仅造成了时间、精力的浪费，而且也容易使自己失去写作的自信心；

反之，自己具备了一定的能力和条件，却将报告题目选得过于容易，这样也不能反映出自己真实的水平，而且也达不到通过撰写毕业报告锻炼自己，提高自己的目的。

其次，题目的大小要适度。一般来说宜小不宜大，宜窄不宜宽。比如《论我国物流业的发展》这样的题目，就太大了。题目太大把握不住，考虑难以深入细致，容易泛泛而论。大题目需要掌握大量的材料，不仅要有局部的，还要有全局性的；不仅要有某一方面的，还要有综合性的。另外，大学的几年学习，对学生来讲只是掌握了一些基本理论，而要独立地研究和分析一些大问题，还显得理论准备不足。再加上缺乏写作经验，对大量的材料的处理往往驾驭不了，容易造成材料堆积或过于散乱。

选定小题目，有两种方式：一是直接选个小题目，二是在大题目中选定小的论证角度。比如，将上面那个题目改为《某某物流园区的发展策略》，角度小，针对性强，容易深入研究。

当然，题目大点好还是小点好，每个人情况不同，难以一概而论。有的理论素养好，情况了解得多，写作水平较高，也可以写大一点的题目。但一般来说，题目还是小一点、具体一点为好。小题目容易驾驭，只要写得丰满深入，同样很有价值。此外，题目大小的区分也是相对的，并无绝对的、一成不变的界限。大题可以小作，小题也可以大作，这要根据作者的实际来加以确定。

☺即时互动：分析题目的合理性，如不合适请调整。

《浅析服装品牌国际化营销策略》

《化工外贸中存在的问题及对策分析》

_____

_____

---

2. 应用为本，实践为基

选题的方向不能是纯理论的探讨，要与行业应用相联系。选题的方向要与学生实践内容有一定的关联，学生对内容要有一定的感性认识和理性思考。

在选题时常常会出现两种极端，部分选题与学生实践没有任何联系，选题内容与学生职业岗位没有任何关系，毕业报告变成了理论性的学术论文；另外，部分选题直接从工作中来，但没有经过理性的思考，变成工作总结的修正版，只是将第一人称换成了第三人称，或者只是泛泛而谈些人际关系、职业道德、岗位要求和企业文化等。

如何把握应用性这一要求呢？选题后我们可以多问自己几个问题，如选题对本人今后工作是否有借鉴意义、对企业相关岗位工作是否有借鉴意义、对其他人研究相关问题是否有借鉴意义等。

> ☺即时互动：分析题目的合理性，如不合适请说明理由并调整。
> 《浅谈销售人员如何处理人际关系》
> 《社交礼仪在与客户交流中的应用》
> _____
> _____

3. 立足岗位，注重创新

立足岗位要求，选题要在满足前两条原则的基础上力求创新，与自己工作岗位、企业相结合，选题与内容要具有针对性。与岗位及企业实际联系不紧密的选题对企业、行业借鉴意义不大，也不利于学生分析应用能力的培养。

注重创新指报告中要有一些新见解、新观点或针对个别企业个性化的策略。毕业报告成功与否、质量高低、价值大小，很大程度上取决于文章是否有新意。有较新颖的观点（即在某一方面或某一点上能给人以启迪），文章就有了灵魂，有了存在的价值。对文章的新意，可以从以下几个方面着眼：

第一，从观点、题目到材料甚至论证方法全是新的。这类报告价值较高，社会影响也大，但写作难度大。选择这一类题目，作者须对某些问题有相当深入的研究，且有扎实的理论功底和写作经验。限于条件，选择这类题目要十分慎重。

第二，以个别企业的特殊资料论证旧的课题，从而提出针对个别企业新的或部分新的观点、策略。

第三，以新的角度或新的研究方法重做已有的课题，从而得出全部或部分新观点。

第四，对已有的观点、材料、研究方法提出质疑，虽然没有提出自己新的看法，但能够启发人们重新思考问题。

如一学生在一小型超市做财务工作，自己确定题目为《中小企业财务管理的问题与对策》。这是一个老掉牙的选题，内容太泛，没有财务管理领域的具体问题与具体企业做支撑，结果只能是东抄西抄，没有任何价值。财务管理领域包含的内容很多，可选择其中某一方面完成，如筹资问题（前提是该企业处于扩张期，涉及筹资问题，学生对情况基本熟悉）；中小企业这一范畴很大，也应该具体化，可就小型超市做具体分析。将题目调整为《小型超市筹资问题与策略探讨》，如担心资料和能力不足以完成，还可以加一副标题"以某某超市为例"。

☺ 即时互动：分析题目的合理性。
《浅谈汽车服务公司的日常行政管理工作》
《中小企业秘书礼仪在运用中存在的问题与思考》

✋ **交流探讨：**
　　选题是毕业报告中最大的问题之一。从笔者多年实践中看，大部分题目都机械式地与岗位工作相结合，有些老师对于如何与岗位相结合也感到头疼，要么题目与工作没有任何关系，要么是工作总结的改良版本，要么生硬地加上"以某某单位为例"，80%以上的题目是问题策略分析型的，形式上与岗位、专业结合了，实际上是生搬硬套，形而上学。机械理解与职业岗位工作相结合导致的另一问题是，绝大部分选题是老调重弹，没有任何创新。以下是部分同学的选题：
《企业人事档案管理中存在的问题及对策——以转向器制造公司为例》
《常州百盛木业开发潜在客户时遇到的问题及解决对策》
《利用 B2B 平台开发客户中遇到的问题及解决策略》
《浅析南通耐力运动用品业务拓展中存在的问题及解决对策》
《浅谈沁蓝服装质量控制过程中遇到的问题及解决的措施》
《阿里巴巴网站操作中遇到的问题及解决方案》
《订单处理过程中遇到的问题——以沭阳颖杰厨卫公司为例》
《产品跟踪过程中所遇到的问题及解决方法》
《浅析冰箱与洗衣机在电器商场销售的策略——以泰州国美店为例》
　　如何将专业与工作岗位结合呢？以教师教学论文为例，教师长期在教学、管理一线，主要工作就是上课、日常学生管理。如果按以上选题组织方式，教师结合工作岗位的论文是不是就要这么写呢？
《浅析课程教学中的问题与解决对策》
《浅析高职院校教师的教学工作》
《实践教学管理中的问题与对策分析——以某某专业为例》
《课堂教学策略分析——以某某学校为例》
……

(续上)

　　显然，我们的老师不会写上述题目，教师教研论文会从专业建设、课程建设和教学教改各方面去尝试，去深入研究某一专题，最终形成自己的研究论文。如以下题目：
　　《高职实践教学模式的构建探索》
　　《ERP沙盘模拟实训教学探讨》
　　《关于"一体三结合"会计实训教学模式的创新性研究》
　　《高职院校旅游专业实习实训教学体系构建与基地建设》
　　……
　　如果某老师一篇关于精品课程建设探讨的文章没有出现任何单位的信息，我们能够否认文章与工作岗位没有联系吗？反之，文章中出现了若干某单位的信息，但作者从来没有从事过教学工作、课程建设工作，单位信息并不是单位真实的信息，而是其他单位情况的汇总，这种所谓联系又有什么意义呢？
　　毕业报告题目要联系工作岗位，但不是总结式的问题对策分析，不能以整个工作为起点确定报告题目，要从专业研究的角度结合工作实践来确定报告题目，文章也不一定要出现单位名称，关键对所选题目相关工作要有所了解和思考。
　　如果学生对单位情况有较深入的了解，对某一方面问题有深入掌握与研究，可以写成与单位紧密结合型的"研究探讨类"报告，如果不能够与单位紧密结合，则可以写成非紧密结合型应用研究报告，但如果此类问题研究已经太多、太滥，则没有选择的必要，如《应收账款的管理》、《酒店员工流失问题研究》这一类题目属于行业内的老问题，前人的探讨研究太多了，如能够大量利用单位资料分析单位个性化的问题就可以考虑，如果对单位情况都无法深入了解，或单位情况非常普通，则没有选择的必要；如果能够直接取得若干资料，或自己工作方便取得相关数据，可以考虑写成"调查报告类"报告；对于绝大部分同学而言，在单位工作时间不长，从事相对简单的工作，对单位相关问题没有深入的思考，宜结合工作中的一些感性认识运用自己的专业知识认真分析思考完成"方案设计类"报告；对于一些自主创业的同学或有创业尝试愿望的同学可以完成"创业计划类"报告，通过报告写作对自己的创业之路做更理性的思考，同时可以请指导老师提供一些参考与指导。
　　☺思考：如何确定报告选题类型？对大部分同学而言，为什么不建议写"研究探讨类"与"调查报告类"毕业报告。

☺即时互动：试运用上述标准评价你的选题(也可以相互评价)。

_____

_____

（五）选题的方法

1. 在教师的指导下选题

学校一般在毕业生实习前安排好相应的毕业实践指导教师，学生在报告选题上要与指导教师多联系多沟通，在教师的指导下选择毕业报告的论题。指导教师根据学生的专业、实习工作的性质和学生的特点专长，帮助其选好题目。选准了论题，就等于完成了写作的一半，题目选得好，可以起到事半功倍的作用。

✋交流探讨：

值得注意的是，目前高职院校老师任务繁重：通常学校教学工作量较大，有的学校课时近400节/年，除去期末考试周数，平均每周要上10节以上课，加之经管类专业每门课时一般较少，老师都要担任数门课程；还有非教学工作量，如课程改革、专业建设、对外服务和科研任务等。结果导致不少高职老师远离企业，对企业的情况不熟悉，企业访问工程师或挂职也是走过场做表面文章与文字材料。教师没有真正进入企业，与企业缺乏联系，自己都无法按要求确定符合要求的选题是当前毕业报告指导的一大问题。

范唯在《中国青年报》提出："观察一所高职学校的一个专业，当你能够真正感受到其有很深的行业企业融入度时，往往会发现其专业带头人身上散发着典型的行业气质，举手投足间充溢着对行业的责任和热忱。"高职院校的专业老师只有与行业、企业零距离，经常走访企业，深入企业业务一线，经常与企业管理及一线人员沟通，才能掌握企业的职业发展趋势。因此，相关教育管理措施要配套，让教师真正深入企业，成为真正的"双师"，同时教师观念要更新，自身选题、写作、指导能力要提高。

☺思考：你了解你的指导老师吗？知道指导老师比较擅长的领域吗？如果知道请列出，如果不知道请详细了解，或请指导老师提供几个参考方向。

_____

_____

2. 在所学专业范围内选题

毕业报告是学生运用自己所学的专业知识结合工作实践撰写的，是对学生两年多来的理论学习成果的一次综合性的总结和检验,它不仅能够考查学生的文字驾驭能力和逻辑思维能力,更能考查学生对所学专业知识的理解程度和掌握程度,是学生能力的综合反映。因此,学生在毕业论文选题时,应利用自己的专业优势,要在所学专业范围内选题。

在所学专业范围内选题时,不少学生将书本目录稍稍调整做选题,将教材内容照抄做文章主体内容,失去了毕业报告写作的意义。从专业课程结构看,毕业报告的选题主要应从职业升迁岗位素能课程中选择具体方向为宜,如会计专业可以从财务管理、会计管理、审计控制和纳税筹划等入手,营销专业可以从营销策划、品牌建设、公关策划和销售管理等入手,避免选择程序性、事务性内容。

> ☺ 即时互动:请深入分析你所学专业课程体系,列出适合选题的方向,在所学专业范围内模拟选题。
> _____
> _____

3. 选择实习工作相关的论题

选题的确定作为报告写作关键的一步,也理应以社会需要为出发点,根据社会发展和职业岗位实践的要求来确定选题,真正做到选题源于实践,服务于实践。实践是理论的源泉,根据社会需要和职业岗位实践选题,应当成为毕业报告选题的主导方法。学生进入实习单位以后,可以根据实习单位情况面向实际选题。选题方向主要是针对企业在营运管理、营销管理和财务管理等方面遇到的一些技术性问题,以满足综合实践与毕业设计有机结合的课题为最佳,以学生参与企业的生产、管理实践,并跟踪最新理论、方法和流程的发展为最好。

> ✋ **交流探讨:**
> 许多毕业生找到的工作往往与自己所学的专业不对口。对于这些学生,指导教师要根据其实习工作情况,帮助其正确地选定报告题目,也可选择与毕业生的工作相关的论题。由于学生选题是实习工作中的内容,熟悉工作环境和业务流程,容易在工作实践中发现其中存在的漏洞与问题,便有了报告写作的题材与灵感,更能提出工作中的问题。
> 从选定报告题目时,学生常常就事论事,将毕业报告写成了工作总结。如一学生在一小公司做经理助理工作,自己确定题目《某某公司经理助理工作中存在的问题与对策》,选题似乎完全符合"难易适中、大小适宜、应用为本、实践

(续上)

为基、立足岗位"等原则,细细比较一下就会发现,这是典型的工作总结的翻版。接下来的内容完全介绍公司的情况、自己的主要工作、工作中的主要问题及自己的打算。毕业报告一般不要对某个职位内容做对焦,不同企业机构设置与分工均不一致,某个职位(岗位)工作相对宽泛、范围较大,毕业报告要求相对专业、范围较小,只需要对工作中的某个环节或某方面的问题进行分析,而且分析要力求深入,体现一定的专业深度。该同学可以分析一下自己工作涉及的主要内容,看看哪些是比较具有挑战性或经常出现问题的,然后仔细推敲,选择适合利用相关专业知识进行分析的选题。该同学经理助理工作内容很多,从办公室接听电话、来客端茶送水、文件上传下达等几乎无所不包,通过工作内容罗列,该同学发现业务资料传递中经常出现问题,公司没有严格的业务资料传递流程,部分部门经常出现扯皮,甚至出现业务差错而相互抱怨,经过深入思考,决定对业务资料传递流程做深入分析,将题目调整为《某某公司业务管理流程方案设计》,内容结合该公司业务流程现状与业务流程相关原理,同时展望未来发展提出了具体的方案,较好地完成了毕业报告的写作。

学生进入实习单位以后从事的往往是技术含量较低的基础工作,基础岗位规范性、流程式较强,就事论事好很难写出有价值的报告。报告本身就具有探讨性、适当的前瞻性,学生可以站在未来职业升迁岗位的角度来思考分析问题,这样才能真正提高自己的分析能力、强化自己的实践能力。一学生在某超级市场做某化妆品的厂家促销人员,开始确定题目《某化妆品的导购存在的问题与对策》,内容主要是写自己如何做好导购工作。题目没有太大问题,可是文章写来写去就是通用的化妆品的导购及导购工作相关问题,无法与实践紧密结合,后来经笔者启发调整自己的视角,站在销售负责人的角度来看问题,该产品同时在商场与超市销售,考虑如何利用各自的优势做好销售工作,将题目调整为《某化妆品的商场与超市的销售策略分析》,文章分析该化妆品的基本情况,再比较其在商场与超市销售的优缺点及问题,最后提出具体策略方案。

☺思考:你在以前单位实习中从事过与专业相关联的工作吗?如果有,请模拟选择实习工作相关的论题;如果没有,请从您职业升迁岗位的角度来思考模拟选择实习工作相关的论题。

4. 根据自己的兴趣选题

兴趣是最好的老师,根据兴趣选题可以充分发挥作者自身的主观能动性,使报告的撰写过程既是一种完成学习任务的过程,也是展现作者才能和发展方向的过程。有兴趣才有动力,根据兴趣所确定的选题可以促使作者积极地准备撰写报告所需要的材料,有兴趣指引也可以帮助作者克服漫长的写作过程中所遇到的困难,为完成一篇高质量的报告提供更多可能。

> ☺ 即时互动:请根据自己的兴趣模拟选题。
> _____
> _____

5. 根据占有的材料选题

这种方法就是通览所占有的文献材料,从中提取自己感兴趣的问题,从而确定选题。材料的占有是材料搜集、整理和甄别的过程和结果的统一。在这一过程中,我们可以发现自己的兴趣所在,进而确定自己报告的撰写目标和选题范围。然后再仔细、全面地将所占有的资料通览一遍,并经过认真分析和反复思考后,才能最终确定选题。

> ☺ 即时互动:请根据已经确定的报告选题方向,通过期刊网站占有部分文献材料模拟确定选题的主题。
> _____
> _____

6. 根据职业发展需要选题

职业发展需要选题法能够使报告的撰写与未来的职业发展相衔接,这也是理论与实践、学与用等方面相结合的具体体现,是一种比较务实的选题方法。具体到经管专业,如果想从事营销策划方面的工作,就可以选择一些营销策划方面的论题;如果想从事销售管理方面的工作,则可以选择销售管理方面的论题;如果想自主创业,则可以选择创业方案等。至于所选论题的具体内容,还可以与将来想要从事的职业的具体要求相吻合,而在报告撰写过程中实现学习与应用的结合。

> ☺ 即时互动:请根据自己的职业发展需要模拟选题。
> _____
> _____

(六)选题的注意点

无论采用何种方法选择题目,在选择课题时要注意以下几点。

1. 题域宜窄不宜宽,宽窄适度

通常情况下,题域越窄,题目越小,越容易把问题讲透彻。题域宽,选题过大,例证说不清楚,道理讲不明白,面面俱到,点到为止,没有深度,则难成佳作。毕业报告一般都是在大学生毕业前的一个学期进行,研究时间和写作时间都比较少。因此,要避免毕业报告选题过大,一是难以按时完成,二是不好驾驭。当然,题目也不宜过窄,如《论××的作用》等无法有效培养学生的专业分析应用能力。

2. 题域要与专业、岗位相关联

有的学生不是在自己的专业及实习范围内选题,而是凭借一时兴趣,贸然涉及其他的学科领域,最终因知识积累不够,实践功底缺乏半途而废。毕业报告必须运用专业知识结合工作实践将问题研究深、讨论透,才能具有指导管理工作实践的意义。与职业岗位没有任何关联,学生缺乏任何感性认识,只能完成传统学术性的论文,与高职人才培养目标不相一致;与专业没有任何关系,学生只能就事论事,表面性地说事,无法将研究深入。这就要求学生在选题前,必须既有一定的实践经验,又占有一定的资料做理论准备。为此,学生要认真学习,勤于思考,找准突破口。在研究过程中,要收集好原始实践材料,包括阶段性报告、总结、个案分析和数据等,只有这样,研究的课题才能具有专业价值和应用价值。

3. 新旧适度,鼓励创新

虽然我们不将创新性作为毕业报告的首要标准,但作为专业联系实践的应用体现,从学生拓展分析能力培养来看,选题立意应该尽可能新一点,但不要随大流或赶时髦。如果报告选题陈旧,联系实际分析的问题是老问题,解决方式也是老思路,吃别人嚼过的饭,结果毕业报告对实践工作没有任何新的参考价值,学生的分析能力没有任何提高,毕业报告写作也就没有任何意义。经管专业同学毕业报告选题创新可以从以下方面考虑:分析以前别人没有分析过的应用问题;运用新的材料分析旧的问题,提出新的或部分新的策略或思考;以新的角度或运用新的知识分析已经分析过的问题,提出新的或部分新的策略或思考;对已经有的问题解决策略提出质疑或改进;运用专业知识对单位具体问题提出个性化的解决策略等。

4. 难易相宜,量力而行

报告选题是学生主观愿望与客观条件的产物,选题应该与自己的实践经历、知识积累、分析与解决问题能力、写作经验等方面条件相适应。报告选题要充分估计自己的知识储备与实践储备,要充分估计自己分析问题的能力,要充分考虑自己的兴趣与特长、指导老师的专业背景、自己掌握的数据资料等。选题过难,在撰写过程中只好临时换题。当然,太容易的选题也不好,选题应该难度适中。

首先,充分估计自己的实践情况。毕业报告写作有别于学术性论文,每个人实践经历、实践能力、思考分析与应用能力是存在差异的。如果选题正好有利于联系实习工作,就可以充分利用实习期间积累的实践资料,结合实习期间所学、所思、所感,高质量地完成毕业报告。

其次,充分估计自己的知识储备情况。不可否认,每个人掌握知识的能力、水平是存在差异的,针对这种实际情况,每个同学在选题时都应正确估计自己的知识储备情况。如果选题正好有利于发挥自己占有知识的优势,能够积极调动自己的知识储备,那么研究起来就比较容易出成果。如果选题是自己知识储备的薄弱环节,那就会心有余而力不足。

再次,正确认识自己分析和解决问题的能力。分析问题和解决问题的能力是选题过程中必须考虑的决定性因素,它决定着一篇报告的质量高低,体现着作者的研究能力。这种能力的形成是多年锻炼的结果,短时间内很难有较大的突破。因此,选题时务必要根据自己分析问题的能力来进行选择。如果分析问题的能力较强,就应选择难度大一些的课题,有利于锻炼自己的能力。如果分析问题的能力较弱,不妨选择一个小的课题进行深入研究,抓住关键点进行突破,也能够写出高质量的报告。

最后,着重考虑自己熟悉或感兴趣的领域。报告选题应从自己熟悉和感兴趣的领域入手来确定最终所要研究的课题。兴趣是最好的老师,它能够调动起我们的研究欲望、内在动力和写作情绪,促使我们深入思考,有利于形成自己的独到见解。同时,有浓厚兴趣的课题往往又是自己比较熟悉的课题,这也为我们进行深入的研究提供了理论基础。因此,在自己熟悉或感兴趣的领域选择课题不仅能提高写作论文的积极性,还能提供一个比较好的写作基础,有利于写出一篇高质量的论文。

所以毕业报告最好略有难度、略有新意,与岗位实践及专业紧密联系,具有时代感及应用价值。

☺即时互动:按以上注意点再次审查您的题目,不合要求的请删除或修改。

✋ 交流探讨:

学生要根据个人情况确定毕业报告选题的可操作性。可操作性一方面要求我们了解自己的能力特长、知识结构和兴趣爱好等;另一方面要求我们立足于已有的客观条件,如资料、工作环境和时间等,做到扬长避短,主动创造条件,

(续上)

充分发挥自身优势。具体来说,选题的可操作性体现在以下三个方面。

1. 题目难度、大小、新旧适宜

为了顺利毕业,我们选题不能太大,应该尽量选择小一些、难度适中、有一定新意的问题,以便深入研究。把题目做大不如做小,范围缩得越小,就越容易进入正题,思路就越清晰,研究工作就越容易进行。

2. 所需资源可以获得并驾驭

在报告选题的时候,要考虑到你的研究在现有条件下是否可行,所需的材料是否可以获得。例如,如果你的选题需要企业资料支撑,如果你想对企业的运营进行研究,那么必须要进入公司合适的部门,并获取相关材料;如果你的报告需要到相关地区做调查,那么你起码要确保自己有足够的时间和精力……

所需资源最好属于作者知识、能力范围之内,是你可以理解并能加工、处理的。如果你研究的题目、需要的资源是你完全没有接触过的,那么在完成报告之前,你可能要花费大量的时间学习新的知识,这必然分散你做毕业报告的精力和时间,甚至可能影响报告的完成进度。

☺ 思考:从可操作性角度评价你前面的报告选题。

(七) 方案设计类报告选题

在方案设计类、创业计划类、调查报告类和研究探讨类四类报告中,调查报告类对实践材料要求最为苛刻,绝大部分同学通常没有时间和精力去完成;研究探讨类写作中又常常因工作时间太短、思考较少,写成纯理论性论文或纯工作性总结,很难将专业知识与实践有机结合;创业计划类对一部分同学非常适用,但对有些同学不合适;方案设计类是将专业与岗位、职业发展相结合的较好形式。

设计类毕业报告是学生将大学所学习的理论与实际职业、岗位或理想相结合而进行的一种有目的的创新行为,是大学生将理论以可见的方式传达出来的一种尝试。认真完成设计类毕业报告会给学生带来诸多裨益,如强化学习效果、增强实际解决问题能力等。

方案设计类毕业报告题目确定中可以参考自己职业、兴趣和企业实际需要,经管专业常见的设计类毕业报告题目通常有应用方案和工艺流程等类别。

应用方案类:

《××物流中心功能设计》

《××公司新产品发布会方案设计》

《××产品营销方案设计》
《××公司十周年庆典方案设计》
《××旅游线路设计》
工艺流程类：
《××公司财务工作制度规范与流程设计》
《××产品大客户销售流程设计》
《××公司赊销方案设计》
《××公司业务流程设计与再造》
《××旅行社管理流程设计与工作标准》
《××公司出入库流程设计与再造》

☺ 即时互动：结合自己的专业、职业、兴趣，拟定方案设计类选题。

（八）题目的拟定

 题目 是对报告内容最集中、最鲜明、最精炼、最高度的概括。题目对于突出报告的主旨，表达报告内容和报告信息有十分重要的作用。

 主题 是报告内容所要表达的主要观点。主题是作者对某一问题的基本观点，体现着作者的写作意图，它像一根红线贯穿和统帅着文章的全部内容。

1. 题目和主题的关系

题目和主题的关系十分密切，主题通过题目来反映，题目则直接或间接地为揭示主题服务。题目与主题的关系虽然密切，但题目并不等于主题。主题是通过报告的内容所表现出来的基本论点，它在动笔前必须确定，且在确定后不可再改动。题目则是报告内容的概括，它可以在动笔前确定，也可以在写作完成后修改，具有某种范围的自由度。

主题是报告的灵魂，毕业报告标题一般直接将主题揭示出来，有助于读者了解文章的内容或是中心论点，还可以以此吸引读者阅读文章的兴趣，给人留下鲜明、深刻的印象。题目直接揭示主题是毕业报告比较常用的方式。

☺ 即时互动：根据题目和主题的关系，判断题目是否合适，如不合适需进一步修改题目。

2. 副标题的使用

副标题是作者为了调整研究角度,或者限制研究范围,或者突出研究重点,在报告题目(正标题)下,附加的一个题目。副标题常用以具体说明报告的内容、范围。

一般情况下,副标题要比正标题的范围窄,是对论文正标题的限制、解释或说明。在这种情形下,副标题所起的作用,或是调整研究的角度,或是限制研究的范围,或是突出研究的重点。在特殊情况下,副标题也可以扩展研究的范围或是补充研究的内容。比如以"兼论"、"兼谈"等作为起首语的副标题,实际上是扩大了论文的研究范围。

毕业报告副标题更多用于限制报告研究实践的主体。对于副标题的使用,我们提倡只有在"确有必要时"才可以使用,而不能随意添加。对于副标题的使用,还应注意一下书写格式问题。一般而言,副标题位于正标题之下,用破折号引出。有关副标题的具体位置,并无硬性规定,目前主要有三种形式:一是破折号与正标题的前两个字对齐,后面紧跟副标题的内容;二是破折号与正标题第三、第四个字对齐,后面紧跟副标题的内容;三是整个副标题居中而不用注意破折号的位置。多种形式,具体使用哪一种应当根据副标题的长短、形式的美感等因素综合考虑。如果副标题太长,使用第一、第二种形式要占两行时,就应当采用第三种居中的形式,以使页面更加美观。

☺即时互动一:什么时候使用副标题比较合适?试举例说明。

☺即时互动二:分析题目的合理性。
《家电消费者心理分析与营销策略
——以 SN 电器为例》

---

3. 报告题目的要求

报告题目是整篇报告的标签,报告题目设计的好坏直接关系着整篇报告的质量,以及读者的阅读兴趣和报告的检索率,因此,报告题目的设计应符合以下几个基本要求:

(1)题目要新颖。新颖要求题目大胆创新、不落俗套。这主要是要求题目的形式要新,不能千篇一律,更重要的是要选择一个合适的研究视角或切入点对主题进行论证,使标题新颖地表现主题。同时,还应考虑如何才能将自己的题目与别人写过的同类文章的标题区别开来。当然,题目新颖不是脱离研究对象的真实内容去故弄玄虚,而是在深入发掘研究对象内容的基础上更深刻地体现报告主题。

（2）题目要贴切。贴切是指报告的题目要切实反映报告的主题和内容,同时还要求报告的题目大小也应适当。题目不能宽窄失度或大小失当,更不能为求新颖而文不对题。做到题目贴切,最基本的是要使题目反映报告的主题。主题是报告的"灵魂",题目是报告的"眼睛",如果作者通过"眼睛"能透出报告的"灵魂"来,那么,这样的题目无疑是很贴切的。

（3）题目要简明。简明要求报告的题目应高度概括,简单明确。中文题目一般不宜超过20个字,以10个字为宜,过长则容易使人产生烦琐和累赘的感觉,看后得不到鲜明的印象,从而影响到对报告的整体评价。题目虽然应当具有高度概括性,但也不能过于抽象、空洞,不能使用非常用的或生造的词汇,以免读者难以理解,见题目就如坠云雾。

（4）题目要醒目。醒目要求题目要能引人注意、给读者以深刻的印象,使人一看就被紧紧抓住,难以忘记。报告题目要达到醒目的目的,除了题目本身应符合新颖、贴切、简明等要求外,还应注意不能使题目有拼凑感。例如《关于卫华公司的三个问题》这类题目,容易给读者造成是三个互不相关的问题拼凑在一起的感受,因此在完成毕业报告时应避免使用。

☺即时互动:根据报告题目的要求,进一步修改题目。

五、资料的搜集与整理

俗话说:"七分材料三分写"。在动手撰写报告之前,我们要做好写作前的准备工作,包括资料的收集与整理,主要观点的确立和报告提纲的编写。报告观点通常是在资料收集与分析过程中形成的,本部分重点讲解资料的搜集与整理。

没有资料,就无从入手,更谈不上创新。资料是研究过程观点形成的基础,也是动笔写报告的重要依据。有的学生可能认为,写报告查阅、搜集资料太浪费时间。其实大多数的学者用于查阅、整理资料的时间要占全部科研时间的一半以上,实验研究和思考计划时间占40%左右,而写文章的时间只占7%左右。要想做好毕业报告,必须重视相关资料的查阅、搜集,查找文献资料是完成毕业报告的第一步。

(一) 资料的主要来源

资料、信息分直接资料、信息和间接资料、信息。直接资料、信息是人们在实践中,通过自身的观察、体验、感受、实验和调查而得来的。间接资料、信息是人们通过阅读书籍报刊、听看广播电视及网络等各种传播媒介所获得的信息资料。资料的主要来源,如图3-1所示。

```
资料的主要来源
├─ 直接性资料:主要通过自己的调查、整理、汇总和分析,形成实证性
│   的第一手材料。如采用调查问卷的方式,对某类特殊人群购车意
│   愿等问题进行调查,再加以统计分析,形成对汽车营销策划方案的
│   支撑材料
└─ 间接性资料
    ├─ 传统的纸质媒体资料:如图书、杂志期刊、报纸的新闻报
    │   道、各类统计年鉴等
    └─ 网络资源
        ├─ 一般性网络资源:指各种搜索引擎能直接搜索到的、免费访问的各
        │   类网络资源。这些资料中政府官方网站的资料、行业协会的官方
        │   网站资料可信度高,可以大胆引用,但一般网站的资料引用一定要
        │   慎重
        ├─ 专业数据库:指专门收集各类专业信息、学术论文的资料库,一般
        │   查阅时需要收费。常用的国内数据库有万方数据库、维普数据库
        │   和中国知网数据库等。万方数据库部分资源,包括学术期刊、学位
        │   论文、会议论文、专利技术、中外标准、科技成果和政策法规等
        └─ 电子图书馆:常用的有超星图书馆、书生网等
```

图3-1 资料的主要来源

☺即时互动一:近年来,不少同学在毕业报告写作中的参考资料以"一般性网络资源"为主,这将产生什么问题?

_____

☺即时互动二:请通过"搜索引擎、常见资源网站、万方数据库、超星图书馆"等网络资源查询以下主题,要求相关资料总和不少于20篇,其中PDF不少于10篇:

《所得税会计处理问题探讨》
《淘宝商城商家促销策略》
(建议参考自己模拟选题完成此项任务)

_____

（二）资料的鉴别与整理

1. 资料的鉴别

鉴别资料就是对搜集来的原始资料进行质量上的评价和核实，对材料进行一番筛选、取舍，寻找出报告所需要的材料。

首先，要鉴别资料的真伪。因为资料不一定完全真实，如果用了不真实的资料进行研究，报告研究的结论很可能就不正确。鉴别资料就是要弄清楚它是否真的发生、存在，是否在有条件的情况下才能发生；事物是偶然还是必然；是个别还是一般；是现象还是本质；是主流还是支流。通过鉴别分清真伪，进行比较分析，不要被局部或暂时现象迷惑。

其次，要鉴别程度。同是真实材料，必定有深浅程度的区别，如果我们刚开始鉴定时，也可能难以一眼看透，但只要认真鉴别，多熟悉资料，就能学会对资料的质量进行鉴别。在毕业报告完成中，一定要参考部分专业资料，否则毕业报告没有专业深度；语言风格也容易出问题。

2. 资料的整理

资料的整理就是将所获取的信息资料分门别类地加以归纳，使原来分散的、个别的、局部的、无系统的信息资料，变成能说明事物的过程或整体，显示其变化的轨迹或状态，论证其道理或指出其规律的系统的信息资料。

🖐 交流探讨一：

阅读文献资料，要注意以下几个方面的问题。

（1）先看题目和摘要，以初步判断资料是否与自己要做的毕业报告相关，是否有参考价值。在确定有价值的前提下再仔细研读。

（2）看文章的总体脉络，理解文章的总体逻辑结构。自己在写毕业报告时一定要注意总体的逻辑性。一般文章的逻辑是：是什么（概念界定）→现在如何（现状）→不足（原因分析）→改进（方案设计）。建议你先看各段的小标题，再看具体的论述，这样便于你把握文章的整体。

（3）看论述，并作摘要。你可以把文献中引用的数据、定义摘录下来，也应该把用得到的基本理论和新颖观点摘录下来，这些都可以在今后写作时加以引用。

由于专业论文一般都比较深奥，逻辑性强、论述性强，因此，同学们刚开始研读他人的论文会感觉比较枯燥，但你一定要克服困难，静下心来至少研读10篇相关的文献资料，这样在你写作时不仅素材丰富了，而且在研读的过程中会形成良好的学术规范，提高论文或设计方案的写作能力。

(续上)

毕业报告完成中建议每个同学必须先搜集并研读10篇相关的文献资料，再做好资料卡片，卡片（电子稿）要发给指导教师审阅通过后才能开始写报告提纲和论文初稿。

☺思考：认真阅读你前面的资料，对其内容加以整理，分析哪些文章或内容有借鉴价值？

✋交流探讨二：

作为大学毕业前的最后一次作业，毕业报告写作前，需要确定指导教师，在教师的帮助下进行选题，在教师指导下了解参考文献，制定调查线索，进而由教师审定报告提纲，解答疑难问题，指出报告初稿中存在的问题，提出修改意见等。当然，教师的任务是"示"与"导"，而不是代替学生写作。在写作过程中，教师要引导学生独立、非依赖性地工作，充分发挥学生的主观能动性和自我创造精神，左右寻思、上下探求、刻苦钻研、反复推敲，最大限度地发挥自身的聪明才智，圆满地完成毕业论文的写作任务。有句话说"态度决定成败"，毕业报告的写作态度非常重要。

1. 认真

毕业报告写作不是可有可无的事，也不是做形式、装门面的事。长期的应试教育给相当多的学生造成这样一种印象，就是闭卷考试的形式是正规的，分数是"硬"性的，所以得认真对待；而开卷考试和其他实践性作业考查的形式是非正规的，成绩是"软"性的，没必要全力以赴地对待。这种想法是完全错误的。考试、考查都是一种手段，而不是目的，目的在于督促检查，提高效果。毕业报告是实践性较强的任务，是培养能力最有效的途径。写毕业报告，没有捷径，没有秘诀，没有公式。每个面临毕业的学生，都必须认真对待毕业论文的写作。毕业报告写作中的任何一个环节，都不可马虎、敷衍了事。

2. 严肃

学生的毕业报告中也存在着许多不严肃的现象，有些学生懒于写作，便找"枪手"，有的学生在网上下载或随意拼凑组合，来应付差事，甚至有人拿上届学生的论文来充数，这些都是极不严肃的。

毕业报告写作是严肃的工作。在不成熟的商品经济中，学术研究工作容易变成商品经济的附庸，失去自身的纯正性，这点是值得我们高度警惕的。人们已经发现，在商业欺骗行为中，就有假学术、假技术、伪科学混迹其中。有人把严肃的学术文章变成下三流的"游戏"以媚俗求荣，有人在变相地出卖署名权，

(续上)

有人在学术研究、项目经费中投机倒把、浑水摸鱼。诸如此类,无疑是对严肃的学术事业的亵渎。那些供人们"轻松阅读"的"亚学术",是有存在必要的,但不能以学术价值的变味为代价。

3. 虚心

在毕业报告写作中,应虚心求教。虚心在学习中的作用,大家自然明白。"满招损,谦受益"、"虚心使人进步,骄傲使人落后"一类的格言名句,已是众所周知,无须赘言。由于多种原因,使一些大学生养成爱挑剔的习惯,听老师讲课,觉得不好;看他人的文章,觉得不行,其实是眼高手低。俗话说,"看花容易绣花难",不操作,不实践,不进入角色,很容易陷入这种"挑剔别人头头是道,自己做时不入门道"的困境。克服这些毛病,就要进入角色,虚心向同学、向指导教师求教。

☺思考:报告写作有哪些步骤? 需要什么样的心态? 你准备好了吗?

六、草拟毕业报告提纲

提纲是文章的骨架,体现作者的总体思路以及全文的逻辑性和结构框架。通过草拟提纲,可以规划基本内容,搭好基本框架,使自己的思想明确、条理清晰,还可以发现构思的缺陷、材料的不足、论据的不充分、思路的不清晰,使报告写作少走弯路。报告提纲一般应包括文章的基本论点和主要论据,反映文章的体系结构。简单地说,提纲要列出一级题目、二级题目,如有需要,再作一些说明。

(一) 编写提纲的要求

在具体写作过程中,提纲都有以下要求。

1. 紧扣主题,突出主题

编写提纲,从结构安排、论据选择到论证方法,都是为了有力、充分地证明主题,使人觉得"言之有理"、"言之有物"、"言之有力"。"有力"就是论据和论证有说服力,能打动人;"充分"就是论据和论证不是东鳞西爪,支离破碎,星星点点,而是系统、全面地证明所论述的观点和见解。

2. 高度概括,简洁明了

编写提纲,要用简洁明了的语言安排全篇结构,若文字过于繁复,提纲就成了报告正文,而不是提纲了。提纲只有用高度概括的语言表达,才能构成一目了然的全文骨架,便于全盘在握,高屋建瓴,也便于对结构进行调整、完善、变换和修改。

3. 前后衔接,层次分明

提纲的各个项目、要素要齐全,是报告的缩影,各个部分不是孤立的、各不相干的,而是要从整体出发,注意前后衔接,从整体与各部分的相互关系中进行全盘统筹、巧妙安排,使全篇层次分明、匀称均衡、紧凑严谨、首尾呼应,一线贯穿到底。

此外,提纲拟定之后,还应作反复的推敲。

(二)编写提纲的方法

提纲的编写一般由大到小、由粗到细。先考虑全篇的安排:包括哪几个部分,用什么顺序来论述,从而搭好报告的大框架;大框架定了后,再考虑每部分的主要论点,以及所需论据。提纲写完后,还要仔细推敲和修改,看看各级题目是否恰当,各部分的划分是否合理,各层次、段落之间的联系是否紧密,过渡是否自然。最后,通过文字把提纲各部分内容概括出来,以便指导老师审阅。实际应用中可以参考以下步骤完成:

(1) 先拟标题。拟定标题时,力求简单、具体、醒目,或揭示论点,或揭示论题。需注意的是,编写提纲的标题一般是最后确定的标题。

(2) 用主题句子列出全文的基本论点,以明确论文中心,统领全纲。

(3) 合理安排报告各大部分的逻辑顺序,用标题或主题句的形式列出,设计出报告的结构和框架。

(4) 对于报告中的各大部分,逐层展开,扩展深化,设置细项目,结合搜集使用的材料,进一步构思层次,形成近似报告概要的详细提纲。

(5) 对于每个层次分成各个段落,写出每个段落的论点句子,并依次整理出需要参考的资料,如卡片、笔记等,标上序号,排列备用。

(6) 检查整个报告提纲,作出必要的修改,即增加、删除和调整等。

提纲写好后,要不断修改、推敲。一是反复推敲题目是否恰当,是否适合;二是推敲提纲的结构,是否能阐明报告观点或说明主要议题;三是检查报告层次、段落是否合乎逻辑;四是验证拟采用的材料是否充分说明问题。这些工作完成后,再开始动笔写初稿。

☺ 即时互动一:请根据前面模拟选题选择其中比较好的两个选题草拟提纲。

_____

_____

☺ 即时互动二:请修改、推敲提纲。

_____

_____

(续上)

> ☺ 即时互动三：以下是《浅析××宾馆西餐厅服务管理》的提纲，试代为修改、推敲。
>
> 一、服务对于酒店的重要性
> （一）酒店服务定义
> （二）酒店服务的重要性
> 二、西餐厅的服务现状与存在的问题
> （一）西餐厅简介
> （二）西餐厅的服务现状与存在问题
> 三、西餐厅服务存在问题的原因分析
> （一）为了节约成本，忽视了设施设备的更新维护
> （二）员工素质未达要求
> （三）管理方法因循守旧
> （四）缺乏准确、完整的客人档案
> 四、应对西餐厅服务存在问题的对策
> （一）增加成本投入更新服务设施设备
> （二）对员工展开服务的培训
> （三）改善管理方法
> （四）建立准确、完整的客人档案
> 五、结束语
> 参考文献
>
> _____
>
> _____

报告提纲按照详略程度大体有标题式提纲、句子式提纲和段落式提纲。

标题式提纲用简要的词语概括内容，以标题的形式列出。在正文中一般可以作为主线、大的框框来处理。这种写法简明扼要，一目了然。

句子式提纲用一个能够表达完整意思的句子概括内容，该句子可以带有标点。

段落提纲是句子提纲的扩充，常用来编写详细提纲，故又称详细提纲。有时，当论文逻辑构成单位的内容不能用一个句子概括时，就写成一段话来进行表述。

上述三种形式可以综合运用。经管专业毕业报告写作实践中尽可能使用标题式提纲或句子式提纲，其中标题式提纲更为适合。

☺ 即时互动四：请分析你所完成提纲的形式，分别调整为标题式与句子式提纲。

_____
_____

（三）结构层次安排方法

毕业报告常用的结构安排方式有并列式和递进式等。

1. 并列式

并列式结构 指主体部分是并列、平行的关系。并列结构式的优点是条理清晰，结构分明，便于作者论证和读者理解。并列式下各部分内容（如现状、原因、措施等）各层次之间必须有内在的联系，互相不重复、不包容。分类的标准、角度要一致。并列式各部分在形式上是并列的，但内容上却有轻重之分，写作中要主次分明，突出重点，此外有时候次序上有先后不能颠倒。

2. 递进式

递进式结构 指采取一种层层深入的方式进行论述。递进式可先提出中心论点，然后逐层剥笋，步步推进，说明主题（问题）的各个层次的内容，或者是按照事情发展过程的先后次序，或者是按照事理逐层深入的关系来安排层次，最后得出结论。如果对毕业报告所写内容研究较深入，建议可以考虑这种结构。

☺ 即时互动：请分析你所完成提纲的结构，如不合适请调整。

_____
_____

七、毕业报告正文写作

正文写作是毕业报告写作的关键环节，包括起草初稿、文稿修订和誊清定稿等环节。

（一）起草初稿

根据编写的报告提纲，撰写论文初稿。初稿撰写有两种方法：一是从头到尾、不间断、不停顿，一气呵成写完初稿，然后再从头仔细推敲加工修改；二是根据文章的层次结构，一部分一部分地撰写、推敲、加工修订，全文分部分写完后，再合并起来通读、统稿完成。

学生撰写毕业报告时，在搜集材料充分的前提下，撰写报告初稿应适度掌握报告写作速度，不宜求快，应始终保持充沛的精力和敏捷的思维，做到纲举目张，顺理成章，井然有序，详略得当。

> **✋ 交流探讨：**
>
> 　　报告写作中分析问题的方法多种多样，但无论选用哪一种（或哪几种）分析方法，首先要考虑的是内容的需要，选用方法适当才可以使内容的分析更具说服力。一般而言，以下四种分析方法在论文写作中比较常用，简单介绍如下：
> 　　（1）逐层分析法，就是按事物发展的阶段性和客观矛盾的各个侧面进行层层分析，来表达认识问题的思想进程。也就是说，把中心议题或中心论点分成若干小问题（分论点）进行分析，找出它们的本质及其之间的联系，通过对分论点进行分析以阐明中心议题或中心论点的方法。无论是立论还是驳论，都可以使用此种方法。
> 　　（2）对比分析法，就是对某个事物或问题的今昔作纵向比较，或对两个事物或问题进行横向比较，找出其本质的差异，进而作出某种论断的方法。这种分析法使读者从对比中得知孰优孰劣，泾渭分明，因而推导出的论断也易于被读者接受，有较强的说服力。
> 　　（3）类比分析法，就是找出两个事物或问题在某个方面的相同点，进行比较分析，进而得出相应的结论。类比分析法与对比分析法的不同之处，就在于对比分析法重在找出差异，而类比分析法重在找出相同之处。使用这种方法，一定要注意选用作为类比的事物或问题，是已经公认为正确或错误的结论，这样才能使被类比的事物或问题也得出与类比事物或问题同样的结论，达到议论言简意赅的效果。
> 　　（4）逻辑分析法，主要是指运用演绎法，从一般推及个别；或运用归纳法，从个别推出一般的结论；或运用归谬法，从个别荒谬的结论推导出更显而易见的荒谬结论。需要注意的是，运用这种方法需要具备一定的逻辑知识作为基础，否则就有可能因违反逻辑规律而导致论证过程的错误。
> 　　☺思考：阅读一篇毕业报告，指出其分析方法。（可从管理教育在线获取电子稿）

（二）文稿修订

一般说来，好文章是修改出来的。报告初稿完成，仅是万里长征的第一步。好的文章需要不断地自我否定,不断地修改、凝练。论文初稿完成后,往往存在不成熟、疏漏、重复、有误和用词不当等问题,需要反复推敲修改。修改前,应重新阅读有关参考文献和资料,虚心听取报告指导教师的意见。修改报告,也是培养严谨的工作态度和良好素养的难得机会,因此要认真、严肃、不厌其烦地反复修改。修改报告主要从以下四个方面着手:

（1）修改报告观点：观点是报告的价值所在,要求必须正确、鲜明、深刻和新颖。报告观点应该明确、统一、科学。明确指报告观点不能含糊其辞,统一指报告观点不能够自相矛盾,科学指报告观点要正确而没有原则性错误。

（2）调整报告结构：检查论文结构是否合理,主次安排是否得当,逻辑结构是否严密,各部分之间的联系是否连贯,前后是否呼应。对结构不合理的地方进行调整。

逻辑性是毕业报告的重要评价指标之一。一篇文章的逻辑性体现在句与句、段与段、部分与部分之间。结构总是为表现主题服务的,这是我们检查报告结构是否合理的主要依据。具体方法有如下两种:

一是从报告整体看,全篇结构安排是否得当。如研究探讨类报告按照逻辑思维的思路,即围绕主题提出问题、分析问题和解决问题来安排层次段落,其主体部分对问题与策略的分析,是全文的重点所在,要浓墨重彩。

二是从报告的内部组织看,层次、段落的划分是否恰当,前后连接是否自然,层次、段落的长短是否合适等,都要逐一审核。只有报告的结构框架规范、合理、严谨,报告的主题才能得到全面、充分和鲜明的显现。

（3）修补报告材料：材料是论文必不可少的部分,材料翔实,论据充分,论文才有说服力,因此,修改报告的时候必须对所用材料的真实性、可靠性进行进一步核对,一旦发现材料失误、失实,应进行删除或改写。如果材料太少,就应该增加新材料;如果材料太多,淹没观点,则应该对其进行删减;如果材料使用不当,则应该用更具代表性、典型性的新材料替换旧材料。

（4）调整语言风格：毕业报告应该使用本专业的专业术语,避免使用俗语、口头语。毕业报告语言要求逻辑性强、语音表达准确、文句流畅。此外,还要检查句子是否通顺,字、词、标点是否有误,要删除多余的字、句、段,确保语言专业、简洁。

> ✋ **交流探讨：**
>
> 　　不少同学将初稿交给老师后就以为万事大吉了,老师要求调整时十分不乐意,或与老师争执,坚持自己的观点。态度决定成败,完成毕业报告需要有正确的态度。

(续上)

> 1. 树立全局观念
>
> 修改报告，无论是"动大手术"还是"动小手术"，都要注意胸有全局。要站在一定的高度，俯瞰全篇论文。切忌"盲人摸象"，只见树木，不见森林。要时刻注意报告的每一点改动都是为了更好地表达观点，围绕主题进行增删。
>
> 2. 虚心求教学习
>
> 旁观者清，当局者迷。看自己的文章，往往很难看出毛病。再加上一个人的知识毕竟有限，思维也难及多人开阔，向别人请教是非常必要的。要克服请教他人的羞怯心理，更不要以之为耻。要牢记孔子所说的"三人行，必有我师焉"。当然，对于别人提出的意见，不一定都要全盘接受，但一定要用心体会，从中吸取有益的东西。在集思广益的基础上，再对论文修改，使论文达到比较理想的效果。
>
> 3. 力争最佳效果
>
> 这里的最佳效果指的是自己修改到不能再改的程度。报告的调整修改同人的认识一样，是一个不断提高的过程，不可能一次到位。修改报告要有耐心，只要发现还有自己不满意的地方，就必须不厌其烦，一次一次地修改，直至达到最佳效果。把自己不满意又有能力再改的论文推给老师，是一种不负责任的态度，必须坚决改正。
>
> ☺思考：报告修改需要什么样的心态？如何看待报告修改中观点不一致的现象？
>
> _____
> _____

（三）誊清定稿

定稿指报告修订后作最后检查，从题目到提纲，再到内容做最后的审查。定稿阶段，还要对摘要、关键词和引言等作完善。

1. 摘要

报告摘要是报告的基本内容、基本思想和基本观点的缩影，是对报告要点简明扼要的概括。摘要虽然是放在报告的正文之前，但却是在报告完成后才写作的。摘要的内容一般由研究目的、研究方法、研究结果与结论三部分组成。研究目的概述研究的宗旨，即研究工作的缘起、问题及其重要性；研究方法扼要介绍研究途径、采用的模型和研究的范围和方法等；研究结果与结论评价研究成果的价值和意义。如何写还得从报告的实际出发，采取相应的方式。不过，结果和结论是摘要的核心

内容,不可或缺。摘要的写作中要注意以下几点:

(1) 明确介绍重点。摘要向读者提供的信息应是报告的价值所在,也是吸引读者之处。在编写摘要前,必须明确介绍的重点,把报告中最有价值、最有特色的东西介绍给读者。

(2) 围绕主题展开。在行文中要紧紧围绕报告的主题展开,如开头要开门见山式。在具体介绍研究内容时,要围绕主题展开,让读者对研究的方法和成果有具体的了解。

(3) 讲究表达技巧。摘要虽然短,却是全篇论文精华的浓缩,所以在文字上要求较高。一是用词要简练,惜墨如金;二是表达要准确、客观,对报告的原意要忠实地进行概括,不虚不饰,不加评论;三是为了使摘要报道的内容具有客观性和完整性,摘要使用第三人称写作,并且不分段落,一气呵成;四是在文字上不要与引言、结论等某些部分雷同,即使内容相同,也要改变用词和句式;五是不用图表、非公知公用的符号和术语。

由此可见,写好区区几百字的摘要确非易事,非要认真下工夫琢磨不可。一篇写得好的摘要,可为所写的论文增添光彩;写得马虎的摘要,有可能使所写的报告黯然失色。

2. 关键词

关键词是为反映报告主题内容和满足文献检索需要而从报告中选取的词或词组。关键词要求能够揭示报告的主题信息,是对报告最核心的内容、思想观点和论证方法的提炼和概括。同时,关键词又要符合一定的规范原则,便于信息检索。

(1) 与文章主题内容相符。应避免所选词概念的模糊或空泛,使其不能准确反映论文的核心内容。关键词应尽量准确地与报告主题概念相对应,不要扩大也不要缩小。

(2) 清晰规范具有专业性。避免选用与专业内容不甚相关的通用词,如"意义"、"影响"、"方法"、"对策"、"策略"、"分析"和"探讨"等,一般不宜作为主导的关键词。尽量使用大家熟悉的词语,专业术语使用要规范,不要随便编造专业词语。

(3) 主次分明,层层深入。表达同一范畴的概念和意义紧密相连的关键词,一般要相对集中,同一语义场中的几个关键词,上位词在前,下位词在后,如"江苏商业"和"江苏当代商业"。反映报告研究目的、对象、范围、方法、过程等内容的关键词在前,反映研究结果、意义等的关键词在后。

八、毕业报告写作中常见问题

前文已经大量讲述毕业报告的选题与结构,这是评价一篇文章极为重要的标准。报告选题符合前述要求,报告写作过程中需要保持逻辑思维的严谨性,观点正确,论据充实可靠,结构层次清晰合理,推理论证符合逻辑。除此之外,毕业报告中还会出现下列问题,需要在毕业报告写作与指导中引起足够的重视。

(一)与实践相脱节,缺乏专业性

报告应具有一定的理论价值和应用价值。不可过于肤浅,将报告写成"工作总结型",需要注意报告的理论深度,且与所学专业知识有机联系。

一方面,不少学生毕业报告与传统的学术论文无异,与实践没有任何对接,有的题目表面上对接了,内容基本没有涉及或比较附会。另一方面,不少学生将毕业报告与宣传文章、经验总结,甚至教学教案相混淆。专业性是毕业报告的重要特征,然而有的毕业报告缺乏足够的专业性,主要表现为:口语化现象太严重,与讲话稿类似,缺乏专业术语;缺乏系统性和概括性,流于感性认识;引用前人观点断章取义,缺乏对原文的整体把握。毕业报告应具有一定的专业性和实践性。宣言传类文章仅是对党的方针政策或事件的具体阐述,是意识形态的政治表现,算不上毕业报告。调研报告类不仅是数据的罗列,还要有理性分析与结论。另外,有些人写的报告就事论事,把经验型的总结报告当成了毕业报告,全篇都是个人的感想和认识,而没有提高到理论高度,没有进行客观、科学的求证。

此外,不少学生写出来的文章带有明显教科书特点,将某一问题从定义、意义开始,方方面面都讲到,讲完文章也就结束了。出现这些情况的原因就在于缺乏中心思想,缺乏创新,文章变成了面面俱到、没有新意的普及读物。

(二)抄袭拼凑现象严重,缺乏原创性

尽管各个学校都加大了对抄袭的处理力度,但是,"剪刀+糨糊"还是很多人写作论文的主要方法。尤其是网络的广泛应用为抄袭提供了无比便利,"Ctrl+C"、"Ctrl+V"再加"Ctrl+X"成了不少同学的法宝。另外,有些同学在报告写作过程中并没有刻意抄袭,但是全篇都是由其他资料中摘出的句子,或者变个说法拼凑而成,这样的报告也是抄袭,毫无创新可言,没有自己的观点。不少毕业报告没有结合实践深入思考,描述单位问题是所有单位问题的汇总,解决策略是所有策略的汇总。

(三)内容结构似教材,缺乏创新性

毕业报告应运用专业知识深入分析应用问题,无论从全部或局部分析角度着手,必须有一定的新意,能够为实践应用提供一定的参考。毕业报告不能仅是含义、作用、原则、步骤和注意问题等方面的泛泛介绍。因此,毕业报告要有别于教材,基础的概念一般不要介绍,作用、原则如与报告内容相关则简要介绍,报告重点是结合实践分析、解决应用问题。

(四)语言风格不当,缺乏规范性

毕业报告应使用科研特有的科学语言,行文应求简练,文字朴实,不可过于烦琐,不可使用过分夸张、感情色彩过分浓重的文学语言,更不可使用过分直白、庸俗的市井语言。报告所采用的名词、表格、绘图方式均应保持一致性。例如,在数据分析时,如果第一个使用条形对比图,后面同类对比图也应该使用条形图。句子与段落长度适中。句子和段落太长读起来很吃力。一般一个段落要有一个明确的观点,也只阐述一个观点,其他内容另起一段论述。

报告中要注意减少修饰,少用成语。报告以求真、求实为主,没必要作无谓的文字堆砌。句子后面尽量少用"啦"、"了"、"的"等语气助词。不用第一人称。在学术论文中不能出现"我认为"、"我们"等人称。一般应以第三者立场客观陈述事实。在陈述自己的观点时,采用"笔者认为"的形式。

在词汇方面,毕业报告中应多使用专业名词术语,避免使用有歧义的字词,不要带感情色彩,且广泛运用科学符号。句式方面,多使用陈述句。

此外,不少同学排版格式不符合要求,甚至不会排版;很多学生提前期不够、重视程度不够;准备不充分,理论资料读得还不够多,实践掌握也不充分;分析思考缺乏主动性等均导致报告草草交稿,严重影响报告质量。

毕业报告常见问题,如表3-3所示。

表3-3 毕业报告常见问题

序号	内容	具体问题描述
1	报告选题	1. 报告题目与实习单位或专业没有关联 2. 报告题目偏大或偏小 3. 报告题目过旧,缺乏创新
2	封面	1. 没有封面 2. 格式不对或内容缺少
3	摘要	1. 中文摘要太短或太长(不精简,介绍性内容太多) 2. 中文摘要未能很好总结报告的内容(自己思考成果未体现) 3. 关键词不合适 4. 摘要和正文中不应使用"本人"、"作者"、"我们"等作为陈述的主语,应用第三人称
4	引言	1. 引言未能简要介绍实习单位及实习任务 2. 引言缺少报告题目提出与研究意义 3. 引言缺少主要研究内容和所要解决的问题 4. 引言摘要太短或太长(不精简,介绍性内容太多)
5	目录	1. 目录格式不正确 2. 目录中以及正文各级标题与正文不一致

(续表)

序号	内　容	具体问题描述
6	页眉	1. 封面有页眉 2. 内容页没有页眉
7	报告主体格式（因各学校标准而异）	1. 题目不是(黑体、小二、粗体) 2. 【摘　要】【关键词】【引　言】不是(黑体、小四、粗体) 3. 【摘　要】【关键词】【引　言】具体内容不是(楷体,小四) 4. 一级标题不是(黑体、小四、粗体) 5. 二级标题不是(宋体、小四、粗体) 6. 三级标题不是(宋体、小四、不加粗) 7. 内容不是宋体、小四,全文行距不是1.5倍行距 8. 图、表没有标题或编号(图标题在下,表标题在上,统一居中,宋体五号加粗,表内容为宋体五号) 9. 公式未居中排版,公式号未右对齐
8	观点层次	1. 观点错误、片面、矛盾,没有观点或陈旧、缺乏新意 2. 提纲偏离主题,报告内容与主题不符合,解决措施与问题不匹配 3. 报告条理层次不清、结构混乱或结构失衡、分布不均；内容与标题不一致
9	材料组织	1. 缺乏材料,坐而论道或材料与主题不对 2. 东挪西借,材料陈旧,隔靴搔痒
10	语言文字	1. 报告详略不当,或感性内容过多、理性分析缺乏深度 2. 报告内容语言风格与报告不符；废话连篇、语言做作 3. 报告内容表述不清或有错、别字
11	参考文献	1. 参考文献太少(少于5个)或近2~3年文献太少(少于3个) 2. 参考文献排版格式不规范(参考文献不是黑体、小四、粗体),参考文献内容不是(宋体,五号) 3. 参考文献著录格式不规范(不是以下顺序) ［编号］作者.文章名［J］,期刊名,年度(期数)：引用页面范围
12	结论致谢	1. 结论(可选)缺少总括,没有必要 2. 致谢内容不实在,夸大其词

九、毕业报告实例评析

毕业报告实例评析一

浅析房地产电话预约中存在的问题和解决方法
——以××公司为例

※ 报告题目与实习单位工作直接联系,与专业紧密关联,选题角度合适,

(续上)

有一定的探讨价值。建议将"解决方法"调整为"对策",副标题强调以"××公司为例",但文章涉及公司个性化分析并不多,可以删除。

(××营销 ××)

【摘要】 在如今的房地产营销中,电话营销已经成为重要的渠道,很多公司利用这种高效率、低成本的方式进行产品宣传。本文主要通过探讨在房地产电话营销中预约客户的重要性和存在的一些问题,以及在电话中采取何种应对策略和技巧才能让客户更加满意等内容,为客户带来满意服务的同时提高公司的效益。通过对电话预约存在的问题以及对改良方法的分析,也为以后的电话营销提供更好的借鉴,对更好地提高电话预约的效率和质量提供帮助。

※ 中文摘要要求不要太短或太长,能很好地总结报告的内容或成果,本文摘要基本符合要求。

【关键词】 房地产 电话预约 回访跟踪 预约策略

※ 关键词是表达文章中心内容的词或词组。

【引言】 我所在的实习单位××公司子公司,主要从事房地产的营销策划和电话销售等工作。公司的业务范围很广,在上海、浙江、江苏等地都有项目,项目包括商铺、别墅、住宅和商业街等。在实习期间,我们主要负责用电话来进行产品的宣传和销售,我们的任务就是通过电话预约将意向客户约见到公司开发的项目现场。通过努力,我不断在工作中发现问题也提出问题,不断提升自己的沟通技巧,时刻为公司的发展着想,因此,也得到了公司外派工作的机会,通过学习,我对房地产行业更加熟悉,我会用我积极主动的心态,努力学习营销技能,更好地为我们的客户服务,能为他们的投资选择带来更多的帮助。电话预约在销售当中的作用毋庸置疑,但也存在很多问题和不足,通过分析也为以后的工作提供借鉴。

※ 引言要求能简要介绍实习单位及实习任务、报告题目提出背景与研究意义、主要研究内容和所要解决的问题,引言要精简,介绍性内容不宜太多。本文较好地介绍了实习单位及实习任务,但对报告题目提出背景与研究意义、主要研究内容和所要解决的问题没有涉及。

一、房地产电话预约的重要性

电话预约是一种便捷的约见客户的方式,通过电话沟通对陌生客户进行约访,从中筛选有意向的客户,节约不必要的成本,现已成为很多行业寻找和开发客户的重要途径。它的重要性主要体现在以下几点。

(一)快速传达信息,效率高,成本低

首先,通过电话沟通过程筛选意向客户,方便快捷。如今已成为房地产销

(续上)

售中的一个重要途径,电话预约可以将项目信息第一时间传达给客户,提高业务人员的工作效率,节省时间,避免与客户的时间形成冲突,也为预约提供机会。

其次是降低成本。电话预约通话时间短,话费成本低,业务人员不用亲自拜访客户,只需按时约见,工资为固定标准,期间没有员工福利费用。公司办公设备为电话机,固定成本费用也不高,只要定期跟好客户,促进成交并不难。

(二)取得客户信赖和约见前的重要准备

电话预约是建立客户关系的第一步,通过便捷的电话将产品传达给陌生的客户,在电话沟通中把握客户基本情况,比如空闲时间,预约时间、客户需求和关注点等,业务员是否在有限的条件下为客户做好了"无限"的服务,是否做好了跟踪计划和记录。多次电话约访和了解,与客户形成良好的互动,建立信任感,在无法面对客户的时候,电话回访就起到了至关重要的作用。客户相信了服务才能相信产品。

(三)快速细分客户,更直接把握客户需求

数量决定质量,通过每天定额的数量来寻找优质的客户,很多公司都是通过区域话单来找客户,所以电话预约就成了细分客户意向等级的重要方式,通过沟通细分一二三等级的客户,做好反馈记录,便于制定后期客户跟踪计划,防止意向客户流失。

※ 本部分一级标题是"房地产电话预约的重要性",内容却是"房地产电话预约"的优点,虽有关联但不完全一致。再看本部分三个二级标题:
(一)快速传达信息,效率高,成本低
(二)取得客户信赖和约见前的重要准备
(三)快速细分客户,更直接地把握客户需求
表述方式不一致,特别是"取得客户信赖和约见前的重要准备"需要调整,其他标题可以再推敲。

二、房地产电话预约中存在的问题及原因分析

(一)话术存在问题及原因分析

1. 话术单一,缺乏创新

一般公司的电话开场白为"先生,您好!我是××公司的,我们公司开发了××商铺项目,想邀请您前来参观了解,不知您周六方便还是周日方便?我们有班车接送"此话术尽管是强调预约,但是很难引起兴趣,听起来冗长。而且客户随机性强,话术种类很难灵活运用,客户各种各样的推辞令业务人员很是无奈,即使是准备大堆的话术应对,也会因为缺乏经验而遭到客户冷语相向。

(续上)

产生这些问题,归根结底是总结和培训不够,公司早会是娱乐看资料时间,平时部门也没有定时性总结会议,缺乏话术技巧练习就缺乏应对经验,在话术上很难针对性地去应对陌生客户,公司对客户的区域性质也未做详细了解。

※ 本段语句类似工作总结,未能深入分析房地产企业的现状与原因。

2. 缺乏灵活和技巧性

平时在打电话中,会根据客户的语气、语调来调整话术,但是由于经验不足,会使有意向的客户因为业务人员的话术和处理异议的态度而对业务人员的公司和项目实力产生怀疑,陌生客户拜访存在的不确定因素很多,没有技巧性,很难约见到潜在的客户,很多意向不高的客户因为业务人员的服务、解答和态度愿意了解你的产品,但是话术的单一,让客户听下去有些难度,直接影响项目的推介。

※ 本部分语句类似工作总结,需要调整,缺乏具体行业或深度分析。

3. 沟通中员工缺乏专业性

真正做投资的人,是比业务员更加专业的人,尽管业务人员的任务就是打电话预约,但是有些客户会问很多专业的问题,回答让客户不满,客户立刻会因为业务员不够专业而对公司项目产生怀疑。这不仅是知识上,更是沟通上的专业化。

※ 此段内容过于浅显,可以结合房地产具体情况深入分析。

(二) 公司及业务人员自身问题及原因分析

公司自身来讲,存在如下问题。

1. 公司提供的客户资源质量较低

公司提供的话单随机性很强,没有针对性,从移动公司或银行买取,真正高质量的客户少之又少。浪费很多的人力、物力。

2. 没有正规有效的员工知识技能培训

员工的专业素质不高,与客户沟通难以取得客户的信任,在处理客户异议上显得业余化,很多常见的问题没有经过反复培训锻炼,很难灵活掌握和加以创新。

3. 公司销售渠道单一

仅通过电话渠道进行项目推介,很难对客户形成深刻的影响,这种方式显得尤为被动,由于公司单一化的渠道,使得我们寻找高质量客户只能通过话单大海捞针,客户约见量少,成交量低。

业务员自身来讲,存在如下问题。

最突出的问题就是专业素质不高,技能性不强,缺乏与客户沟通和处理异议的经验,自身缺乏自主学习精神,精神面貌涣散,每天的目标就是完成那点电

(续上)

话量,没有强烈的目的性,不善于总结和反省,导致自身的能力难以提高,加上公司系统化、规范化的培训管理制度没有做起来,使员工的风格缺乏条理化,工作的氛围也很难形成。

※ 此部分层次没有分开,应该分公司及业务人员两个方面具体分析,分析部分不够具体,语言衔接也不自然。

(三) 意向客户后期跟踪问题及原因分析

1. 跟踪频率和时间把握不到位

跟踪在建立客户信任中尤为重要,尤其是跟踪的频率和时间,投资者一般是企业老板、商务人士、开厂的等,时间宝贵,每次联系,很多在开会、开车、或在忙,若不把握好时间,会影响到再次跟踪。

而其原因在于对客户的不了解,如果能粗略地了解客户的基本情况,就能做好跟踪安排。由于电话预约的客户都是话单上随机拨打的,针对性差,既要形成印象又不引起反感较难,客户的意向程度也会因为跟踪的程度发生递减。

2. 难以加强互动,形成相互信任感

现在的产品销售中,电话销售必不可少,很多客户苦于电话人员的电话骚扰,害怕受骗,对电话推销的防范心理日益加强,因此会敷衍、糊弄销售人员,即使答应约见,也会临时"放鸽子",而且房产项目很多,客户没理由相信业务人员的空口白话,越是竭尽全力,客户越不买账,因此,跟客户之间的友情很难建立,只能通过声音判断客户,不如面对面更加有效。不增加互动,就难以建立信任感,不建立信任,就难以发展更多的客户,这也是电话预约的一大弊端。

3. 缺乏有效跟踪技巧

跟踪客户最重要的一点,就是把握技巧,第一次跟踪该谈哪些内容,才能加深客户印象,第二、第三次该如何跟踪,每一个程序都是有流程的,公司缺乏系统化的跟踪客户流程,业务员自主性和时间安排的不合理会流失客户。跟踪客户的灵活性很强,缺乏经验和技巧容易跟踪不当。

※ 本部分分成三个层次:
(一) 话术存在问题及原因分析
(二) 公司及业务人员自身问题及原因分析
(三) 意向客户后期跟踪问题及原因分析
问题类别缺乏系统分析,可以从公司资源开拓与管理制度与方法、员工素质与技能培养、业务管理与考核等方面重新调整。这是文章比较重要的部分,问题与原因分析不到位,后面策略分析也就有问题。

(续上)

三、解决电话预约中存在问题的方法策略

针对电话预约中存在的相关问题,结合自身的实践总结提出建议,具体分析针对性解决方案,为以后的工作提供经验。

※ 正文中不应使用"本人"、"作者"、"我们"等作为陈述的主语,应用第三人称。本部分导入语句类似工作总结,需要调整。

(一)提升话术技巧,灵活运用和创新

首先,提升话术技巧最有效的方式就是练习,公司开会时间可以安排培训老师进行一对一的对练,站在客户和产品的角度进行电话的情景模拟,在对练的过程中进行话术调整,话术的种类和应用有多种,要按照分辨的客户意向程度来进行总结。

其次,是将出现较多的问题反映出来,老师组织进行一问一答的练习,在练习中灵活变通,更好地组织语言。讨论后,老师再组织各个员工系统记录和整理,话术技巧就会慢慢在实践中提升。

※ 缺少话术技巧的具体分析,比较空洞。

(二)加强员工培训,提供有效公司资源

1. 设置电话销售培训课程,加强沟通技巧

公司应该邀请专业的电话营销老师对员工的电话技巧进行培训,培训中,进行大量的实际案例分析,同时也进行一些角色扮演,通过现场模拟来巩固学到的技巧。培训最主要的方面在于:

(1)电话销售心态调整:公司的电话人员流失率很高,最重要的原因就在于拒绝率太高,产生畏惧感,通过分析员工畏惧的心理根源,进行模拟训练。

(2)快速陌生电话约访:提高陌生电话约访质量,开场白的训练是必不可少的,加强开场白的对练,才能增强员工的语言技巧,还有语气、语速的调整。其次是锻炼判断分辨潜在客户的能力以及针对性处理客户异议。

(3)电话中的销售技巧:沟通技巧、后期跟踪技巧、处理客户异议技巧。

(4)电话销售自我管理:如何掌握自己的通话数量,数量对于质量也有一定的影响,如何记录好数据。其次,如何客户转客户,自己要根据客户情况进行自我分类,制定完整的电话销售准备表。

※ 此处格式不规范,语言表达也不恰当。

2. 改善公司资源渠道,提升效率和水平

首先,公司资源水平的提升必须要经过有效的渠道,低质量的话单产生低质量的客户,话单的选取要针对区域性,要与银行形成良好的沟通。

※ 此段意思表达不清。

(续上)

其次，跑渠道，找客户。现在的房产中介做项目经验丰富，手上的客户资源充足，可以通过一定的返利与他们达成合作。公司可以成立渠道小组，负责对各个中小型的中介进行洽谈，更有效率地找到高质量的客户资源。

※ 此段内容与前段衔接不一致，整段内容需要重新梳理。

（三）建立客户系统，制定跟踪计划，拓宽销售渠道

意向客户系统的建立是完善客户跟踪的规范化和系统化操作，通过网络系统，将客户的基本情况，包括咨询重点、基本关注点，以及方便电话邀约的时间安排等，记录到系统当中，并且能将跟踪客户的顺序进行自然排序，这种方式效率更高，更加科学规范。

跟踪计划的制订要按照客户系统记录进行分阶段跟踪，按照与客户约定时间进行回访，节省时间，标注好客户近期情况，在跟踪中更容易建立与客户之间的信任，加强互动，在条理化的客户系统制定下，跟踪便捷，更有效地和客户建立联系，加强感情。

其次是客户开发渠道的建立，公司仅以电话的陌生邀约渠道来寻找客户，很难达到效果，公司应多方面拓宽渠道。

※ 无法看出"其次"后内容与前面的关系。

（1）开发网站发帖或者在比较知名网站进行宣传，如房产网、赶集网等。有意向的客户可通过网站信息与业务员取得联系。

（2）建立区域办事处，直接接待客户，组织客户统一看房，通过区域客户跟踪开发，可以挖掘更多的潜在客户。

（3）在条件允许的情况下和代理商或房产中介进行合作，他们的经验丰富，可以更高效率地带动顾客，组织看项目。

※ 此段内容平淡，没有体现行业性、专业性。

※ 策略部分是本文的重点，但不论从量上还是质上，本部分都未能达到标准，未能结合房地产行业深入分析研究；再者，策略与问题一一对应，因问题分析归纳缺乏系统性，策略自然也就没有系统性了。不少同学写问题、对策性研究选题时习惯问题与策略一点对一点；从问题表现看，更多地体现在表象上，而解决思路则要从理性高度，全局层面深入分析，因而绝大多数情况下不建议头痛医头式一一对应。

四、总结

电话预约在如今的开发客户渠道中也起到一定的作用，从陌生客户中筛选出潜在客户，从潜在客户中寻找意向客户，这种高效率的便捷方式被广泛应用于各行各业，重要性也越来越突出。如果对存在的问题能更加系统化地解决，

(续上)

对以后的工作将有很大的帮助。

※ 结论缺少总结，没有必要。

参考文献

[1] 牛津管理评论,电话销售中的沟通技巧[J].2011-5-4.
[2] 李智贤.《电话销售实战训练》[N].人民邮电出版社,2008(10).
[3] 林平之.《大众商务*小投资》2008(4).
[4] 刘志平,王学孝.房地产开发可行性研究的思考[J].中国房地产(9):33-35.
[5] 电话销售[J].2011-11-9.

※ 参考文献资料格式不规范。

总评：本文选题与专业、工作岗位紧密联系，报告选题符合专业培养目标，具有较强的实践应用价值；报告结构层次基本清楚，但有些部分尚不十分合理，内容与房地产行业结合尚有待进一步深入；语言表达流畅，但部分内容出现第一人称写法，格式基本符合规范要求；参考了一些文献资料，有一定的独立思考分析，主要观点突出，但缺乏与行业相结合的个性见解与材料支撑。

毕业报告实例评析二

浅析提高物流企业 VIP 客户送货签收率的途径
——以 JJ 物流 A 分公司 JC 药厂货物为例

（××物流　×××）

【摘要】　※ 此处格式不规范本文从 JC 药送货签收的现状入手，具体分析了 JC 药从上门提货到送货签收一系列过程中存在的问题，提出了把提高录单和贴货号的准确率作为工作的基本点；以提高全体员工素质、进行合理配载和加强防雨、台风及防盗作为工作的关键点；将发货方、承运方和收货方三者之间的沟通、理解和 JJ 各分公司之间的团结、协作作为突破点，来提高 JC 药的送货签收率，从而达到提高客户满意度和企业品牌形象、扩大市场份额、提高市场竞争力，为企业创造更大的经济效益和社会效益的目的。

【关键词】　※ 此处格式不规范送货签收率　接货方　运输方　送货方

【引言】　※ 此处格式不规范上海 JJ 快运有限公司 A 分公司成立于2001年，主要经营社会运输服务，目前有员工40多名。在该公司实习期间，我主要从事 JC 重点客户跟踪和晚上发车的工作。江苏 JC 制药有限公司是上海 JJ 快

（续上）

运有限公司A分公司的VIP客户,它每天有几百甚至上千件药品要让A分公司托运,每天的托运量占A分公司总托运量的40%左右,因此对江苏JC制药有限公司发往全国各地的药品从它办理托运到收货人签收的全过程进行跟踪、发现并及时处理异常情况就显得尤为必要,把该项工作做好可以给双方带来互利共赢的结果。为了进一步加强上海JJ快运有限公司A分公司与江苏JC制药有限公司两者的合作程度,提升物流服务的质量,※句子太长本文就从JC药的送货签收率入手关注JC药送货单遭拒签的原因并提出合理措施。

一、JC药送货签收的现状

送货签收率指的是JC药从办理托运到送货签收过程中不出现异常能及时签收的票数占药品总发货票数的比例,它可以由(每周药的总发货票数－每周药出现异常的票数)÷每周药的总发货票数求得。江苏JC制药有限公司是上海JJ快运有限公司A分公司的VIP客户,它每天有几百甚至上千件药品要让A分公司托运,每天的托运量占A分公司总托运量的40%左右。为了让江苏JC制药有限公司对自己提供的物流服务满意,A分公司十分关注JC药品从办理托运到收货人签收过程中出现的异常问题并努力在第一时间对这些问题进行处理。※句子太长目前,JC药送货签收的现状是:平均在每月药品的总托运量中93.1%的药品都能被正常签收,6.9%的药品会被拒收。济川药送货单遭拒签的原因有很多,如货损、托运单录入信息的错误、货号贴串、贴错或漏贴、货丢、送错货等。在JC药拒收的情况中最明显的问题是货损拒收问题,每月因货损而拒收的票数占当月总拒收票数的平均比例为60.32%。药品遭拒收的起因有几种,通常为包装破损、包装挤压变形、包装潮湿、泄露、包装污染和污染泄露。因为JC药的收货人一般都是JC制药有限公司在全国各个地区的医药销售代表,签收时药品出现的异常情况会影响他们销售给真正的需求者,所以当药品出现包装挤压等异常情况时他们会拒收,由于JC药的价值高,所以一般AJJ都会发返货传真给到货公司让帮忙把拒收的药品免费返回处理,但其中也有JC厂方业务员收货时看到了有的药品不好就当场把不好的药扔了或者收货人拒收后到货公司并没有联系发货公司的情况从而带来一些问题,造成一些不良影响。※语言不精炼

为了巩固AJJ与江苏JC制药有限公司的长期合作,需要从药品由出厂到被签收的一系列过程中发现问题并采取相应的措施从而提高JC药的送货签收率。※此处应该说明货物正常运送到达并被签收,对物流公司的重要性。

(续上)

二、JC 药送货单遭拒签的原因分析

江苏 JC 制药有限公司位于长江金三角北岸——泰兴市西郊,对于它要求托运的药品是以调车派人的方式进行上门接货的。药品到达 A 分公司后需经过 JJ 各个中转公司的多重运输,最终药品到达目的地后送货方送货上门收货人签收。因此,只要在接货方、运输方和送货方三方面上任何一个环节出现问题,就有可能造成药品的拒收。

※ 基于工作流程分析原因,清晰合理。

以下是三者的作业流程图:

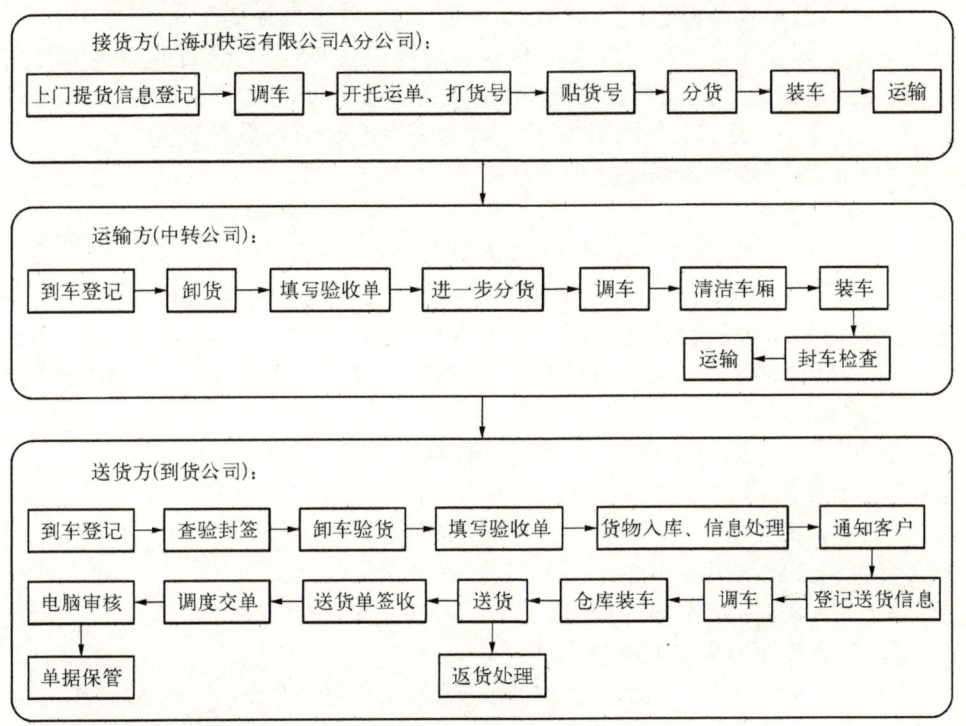

※ 用图表表达,一目了然,但图片没有编号与说明。

(一) 接货方

江苏 JC 制药有限公司位于泰兴市西郊,每天它将要求托运的药品相关信息,如件数、收货人姓名等以传真的形式告知上海 JJ 快运有限公司 A 分公司,A 分公司的经理就根据此情况调车并派相关提货人员去 JC 药厂接货。在这一过程中会出现以下一些失误。

（续上）

1. 信息录入员在开托运单时录错信息

托运单办理是货物运输的起点，托运信息录入正确与否直接影响货物的签收而在开托运单这一点上存在着收货人联系方式输错、到站地点弄错、件数输错等情况。在6月、7月、8月、9月、10月、11月初至中下旬，发货量的总票数分别为：2042、2012、1886、1852、1616、1392，录错单子的票数分别为：0、1、3、1、5、1，由此可得开托运单录入信息时发生的错误率分别为0、0.05%、0.16%、0.05%、0.31%、0.07%。※ 用数据说话，有说服力，但数据堆砌过多。

2. 提货人员把货号贴串、贴错或漏贴

把货号贴串或贴错会带来货物运错到货地点甚至丢失的后果，从而造成签收时间的延误和无效运输。在发货量大的时候，有的箱子上漏贴货号的情况也经常发生，这影响了药品的正常走货也容易导致丢货情况的发生。在6月、7月、8月、9月、10月、11月初至中下旬此类失误发生的票数分别为：1、3、0、0、4、3，由此计算可得此错误率分别为0.05%、0.15%、0、0、0.25%、0.22%。

（二）运输方

在A分公司将药品从JC厂拉回A分公司后，药品要经过无锡、上海、淮安等JJ分公司的中转运输，这方面的运输时间占据了药品总运输时间的90%以上。在这方面出现的问题将从以下六点进行论述。

※ 增加说明：运输的流程，以下分别对流程中操作有问题的几点进行分析。

1. 装卸、搬运工的野蛮装卸与搬运

装卸、搬运工的野蛮装卸、搬运是造成包装破损、挤压等情况的大敌。在6月、7月、8月、9月、10月、11月初至中下旬出现异常的票数分别为：145、154、92、72、123、122，而其中出现此方面情况的票数分别为：77、103、51、43、35、21，从而计算得知此情况发生的比例分别为53.10%、66.88%、55.43%、59.72%、28.46%、17.21%，这在很大程度上产生了收货人拒签送货单的问题。

2. 货物装车时码放货物不合理

有些中转公司※ 各个环节的名称比较混乱。或到货公司对药品码放时需注意的要点认识得不够清楚，将药品与液体、易污染品及坚硬锐利物品混装，有时会因为怕麻烦就直接将重货放在药品箱上从而造成药包装的挤压、变形等问题。6月、7月、8月、9月、10月、11月初至中下旬在码放货物不合理方面出现的票数分别为：28、9、19、21、9、4，从而得知在JC药运输的异常情况中此异常分别占19.31%、5.84%、20.65%、29.17%、7.32%、3.28%。

3. 中转公司的错误中转

有时药品到了到货公司后卸车人员由于疏忽大意将药品放错了库区从而

(续上)

在发往下一站时装错了车,将货运错了到站地点。由6月、7月、8月、9月、10月、11月初至中下旬发生中转错误的票数分别为：4、4、1、0、1、5,计算得知在药品中转上发生的错误率分别为2.76%、2.60%、1.09%、0、0.81%、4.10%。这样的问题轻则延误收货人签收货物的时间,产生无效运输,重则影响了收货人销售给真正的需求者甚至造成药品丢失的后果。

4. 偷盗现象※ 不是完整的句子。

JC药的价值使得一些公司内部人员和外部人员对药品进行偷窃从而造成恶劣的影响,使合作双方遭受损失。由6月、7月、8月、9月、10月、11月初至中下旬发生此现象的票数分别为：10、12、4、3、5、6,计算得知被偷盗的药品票数占总的发货票数的百分比分别为：6.90%、7.79%、4.35%、4.17%、4.07%、4.92%。

5. 台风、雷雨天气※ 同上。另,此为自然灾害,非人为因素,不需要提,且后面并没有提及解决对策。

刮台风时如果仓库的设备不稳固被台风掀倒后压在了药品上,就会造成药品包装的破损,甚至液体的药水会将包装浸湿的后果。在装卸过程中,如果突然下起了雨,会造成一些药品包装的淋湿甚至破损。由6月、7月、8月、9月、10月、11月初至中下旬发生货湿的票数分别为：4、1、4、5、2、11,计算得在所有的异常情况中货湿情况发生的比例分别为2.76%、0.65%、4.35%、6.94%、1.63%、9.02%。

6. 装车设备的完好程度※ 不是完整的句子。

部分货运车因使用年限较长,在下雨天雨水渗入车内会打湿药品；或者运输半道出现抛锚,造成药品在途中的滞留。

(三) 送货方

药品被运到目的地后,送货方送货上门收货人签收,在这一方面出现的问题如下。

1. 送货业务员在送货之前未联系收货人,就按托运单上记录的地址直接安排送去了,而到了到货地点后才知收货人不在,接不了货

2. 送货业务员在装货时因马虎大意装错了货,等收货人准备签收时发现货弄串了,不是自己的,自己的货还在到货公司的仓库里

3. 有时会因为修路等客观原因送货方无法将货送到收货人手中,只能在离收货人尽量较近的地方让收货人接货而收货人却不愿意去收货

4. 有些收货人在收货时要求过于苛刻,只要药品外面的大纸箱包装有轻微的挤压、破损情况就不肯收

（续上）

上述这些问题都是送货方和收货人之间出现的问题，两者之间出现的问题是引发送货单遭拒签的直接导火索。由于企业中业务员的文化水平普遍较低，难免会出现职业素养淡薄、劳动纪律涣散、服务意识和责任心不强、举止缺乏涵养、语言不够得体的现象。送货单遭拒签在一定程度上给公司带来了人力、物力和财力的浪费，因此，改善到货公司送货业务员的服务态度和到货公司与收货人之间的理解就显得尤为必要。

三、提高 JC 药送货签收率的对策※ 如果能将改进后的实施效果与之前的进行对比，则更有说服力，且对策针对性不强，个别问题没有提出对策。

(一) 将做好接货相关工作作为工作的基本点

1. 对托运单按到站地点分组，以此来进一步核实录入的信息

办理托运的业务员将所有托运单的信息都录入完后就利用 JJ 快运第三代物流运营系统将托运单按到站地点进行分组，然后进一步检查录入的信息是否正确，若有错误应及时对信息进行修改。

2. 对货号进行分类，对提货人员采取奖惩措施※ 这是两个不相关的举措，应分开阐述。

货号在未贴前应将其整理整齐，将货号个数一样的放在一起，个数不一致的隔开放，不要混在一起。在贴货号时，提货人员要认真、仔细，若到最后有货号因漏贴而留下的，就及时将货号交给 JC 药的跟踪人员联系下一站中转公司，让中转公司的装卸工在卸车时留意一下无货号的药品并将货号及时补上。若一个月无漏贴货号和货号贴错、贴串的情况，就给予提货人员适当的奖励，否则，若此情况的发生有 3 次以上，就应视该错误造成的影响程度扣除提货人员相应的工资，以此作为惩罚。

(二) 将处理货物运输方面涉及的问题视为工作的关键点※ 关键点选择不准确，可以选择不同的岗位或技能作为关键点，标题要调整。

1. 对全体员工进行培训

良好的文化是提升服务质量的关键之处，拥有一支高素质的员工队伍是关系到公司成功经营的重要因素。要强化对装卸搬运工的管理，让他们定期学习科学码放货物的方法和一些常见、常运货物的特性，认识到野蛮装卸搬运带来的不良后果，从而在装卸搬运过程中做到大不压小、重不压轻，努力杜绝药品被污染和危险事故的发生。因野蛮装卸搬运出现了货损等异常情况的，要追究相应的个人责任并对个人进行惩罚。

2. 及时对车厢进行清洁，进行合理配载，避免中转延误※ 属于工作岗位、职责的内容。

(续上)

  在货物装车前,要将车厢清理干净,保持车厢干燥、无液体,禁止将药品与液体、易污染品及坚硬锐利物品混装,保证同票药品装车数量齐全,杜绝拆票运输。中转公司对药品的中转时间不得超过24小时。

  3. 定期对货车、仓库进行检查、整修,建立日盘制度

  规定司机每周对车进行检查,若车有了异常就及时进行维修。在下雨天,为了防止有雨水渗入将药品打湿,就在车内对药品的包装箱加上一些苫垫材料;当出现台风时,应将仓库门紧闭,避免台风将库内的货刮倒、撞坏。每天仓管员在晚上下班和早上上班之前,要对库内的药品进行盘点,定期检查仓库门、窗户的牢固程度,若发现药品少了应赶紧找货,并在24小时内将情况向发货公司反映,以此减少药品被盗事件的发生。

  (三) 将送货签收方面需处理的问题视为工作的突破点

  1. 发货方、承运方和收货方三者之间及时进行信息反馈,并以积极的态度去解决问题※ 作为标题太长。

  承运方在运输药品的过程中,由于一些客观原因无法将药品及时运达时,应主动与发货方联系,因药品无药检和清单收货人不收货时,也告知发货方,让发货方与收货方联系将货先收下,药检和清单后补。定期对送货业务员进行服务相关知识的培训,提高他们"客户至上"的服务意识。在与客户确定送货时间后,不允许以没车、没人和休息等借口随意更改送货时间。当收货人有什么不满情绪时,送货业务员应懂得及时安抚对方情绪,并给予合理的解释;当对方有疑惑时,业务员能解答的应在第一时间给予答复,不能解答的应及时向上级领导请示,从而给收货人一个交代;当收货人有什么想法或建议时,送货业务员应及时记录并将其整理后,向隶属领导反馈。通过沟通与交流,双方就更易去理解对方了。

  2. 各分公司员工之间经常进行互访、学习活动,加强内部的团结、合作与理解,每年由总公司领导组织全国各分公司员工进行一次集会活动※ 作为标题太长。

  在内部而言,JJ各分公司之间是独立运作的,但对外部而言,它就是一个整体,只有各分公司之间团结、协作得好,整体形象才会有所提高,因此,各分公司员工都应该有集体观念和整体意识,互帮互助、团结一致。当药品到了到货公司后出现了异常问题,如因包装破损等原因客户拒收时,到货公司应在24小时内反馈发货公司并协助发货公司及时处理,确保能签收的药品被及时签收,减少无效运输情况的发生。

(续上)

四、结论

  影响 JC 药送货签收的因素是多方面的,只有从药品办理接货、运输、到货签收等方面存在的问题切入,把提高录单和贴货号的准确率作为工作的基本点,以提高全体员工的素质、进行合理配载和加强防雨、台风及防盗作为工作的关键点,将发货方、承运方和收货方三者之间的沟通、理解和 JJ 各分公司之间的团结、协作作为工作的突破点,才能从根本上提高 JC 药的送货签收率,扩大 JJ 公司与 JC 制药有限公司互利共赢的局面,为企业创造更好的经济效益和社会效益。

参考文献

[1] 肖阳. 浅谈如何提高 VIP 重点客户满意度[J]. JJ 人,第 104 期,2011.
[2] 朱仕兄. 物流运输管理实务[M]. 北京:北京交通大学出版社,2009.
[3] 马俊生,王晓阔. 配送管理[M]. 北京:机械工业出版社,2008.
[4] 芮桂杰. 第三方物流[M]. 北京:中国财政经济出版社,2008.
[5] 缪启军,詹秀娟. 公共关系实务[M]. 上海:立信会计出版社,2008.
[6] 丁溪. 现代物流学[M]. 北京:中国商务出版社,2008.

  ※ 近 2~3 年参考文献较少,且以教材为主。

  总评:本文选题与专业、工作岗位紧密联系,报告选题符合专业培养目标,有一定难度,具有较强的实践应用价值;报告结构层次基本清楚,内容与企业实践紧密结合;语言表达不够流畅,需要大量调整,格式基本符合规范要求。报告表明作者理论联系实践能力强,有较强的独立思考分析能力,能全面搜集相关资料,写作过程中能综合运用相关知识,全面分析报告选题,主要观点突出,与企业实践紧密结合,有较高的参考价值。

毕业报告实例评析三

浅析如何进一步提高投诉处理效率
——以 SN 电器为例
(××连锁 ×××)

  【摘要】 以"至真至诚 阳光服务"为宗旨的 SN 电器想要维系好集团与消费者之间的良好关系,减少顾客投诉造成不良影响,提高顾客投诉处理效率才是关键。本文对于 SN 门店、客服、物流以及售后存在的不足进行分析,并从提高人员整体素质与业务技能、加强各部门之间的信息链接、完善投诉预警方

(续上)

案等方面进行探讨。

【关键字】 SN电器 投诉处理 效率 问题 因素 措施

【引言】 本人于2011年6月25日入职于SN电器呼叫中心。岗位是投诉组受理员,主要职责是受理用户投诉,安抚用户情绪,处理用户所遇到的问题。在SN电器5个月的实习期间,身为受理用户投诉的第一线工作人员,接触到各种各样的顾客,很多用户针对同一个问题反反复复地来电投诉,但是问题还是得不到有效解决,最终将投诉升级化,通过消协、工商和媒体等方式将问题扩大。在与用户的沟通过程中发现,其实很多用户遇到问题是不怕投诉的,用户最担心的就是投诉的问题得不到有效解决。作为受理员,深知提高用户投诉处理的效率对于增强顾客的满意度,扩大消费市场有着重要的作用。但是,目前SN电器客户投诉处理还存在着人员素质不高、缺乏责任心,各部门信息链接脱节,投诉预警方案不完善等问题,影响着投诉处理效率的提升,所以,本文就本人在SN电器呼叫中心的工作经历,结合自己的体会,阐述如何进一步提高投诉处理效率。

SN电器立志服务品牌定位,为顾客提供涵盖售前、售中、售后一体的阳光服务,并且做到为消费者承诺365天的电话、互联网、短信、视频等自助式、专家式的服务,利用业内最大的全国呼叫中心平台,全国统一的服务热线全天24小时为顾客提供咨询、预约、投诉和回访等服务。与此同时,专家坐席、会员服务、电话支付、理赔服务、松桥热线和以旧换新通道等全方位的快速服务通道全面响应,极大地方便了消费者。

一、SN电器客户服务投诉处理存在的问题

目前,SN电器客户的投诉集中于门店、客服、售后和物流四个方面,在这四个方面中,投诉所涉及的问题存在共同之处。

首先是人员问题。对于投诉门店、客服人员服务态度不好,售后和物流工作人员素质不高,没有责任心以及业务技能不熟练等问题,SN电器所采取的处理方式有两种,其一,有的用户只是打电话过来抱怨,没有要求具体的处理结果,对此,只是解释道歉告知用户以后会多加改进,对此没有具体的一套改进措施;其二,对于不满情绪极其强烈,要求公司一定给其一个具体的解决方案的用户,受理员对此记录工单,交给大区客服处理跟进。

其次是投诉各个部门的承诺没有兑现的问题。比如门店活动宣传承诺给用户的赠品没有及时兑现,客服对于用户的投诉没有在承诺的时间内给出处理方案,物流以及售后没有按承诺的时间上门送货或作业等问题。对于此类问题,SN电器目前的处理措施是首先三方通话联系相应的负责人,让其给用户回

（续上）

复电话解决问题，并不做相应的记录，后期问题解决如何也无法查证，如果联系不上就将记录工单交给大区客服处理；对于已有记录工单的用户直接添加，让大区客服为其联系处理。

第三是投诉各部门信息对接不上的问题。比如对于已经由大区客服处理好的工单给用户走特殊退换货的渠道，是不需要鉴定单的，但是工作人员上门换机时一定要求有鉴定报告，不然不给用户换机器，对于此类问题，用户只得再次来电重复投诉，而SN电器目前对于此类问题，也只能重新记录工单再次交给大区客服去对接。

二、影响SN电器客户投诉处理效率的因素

SN电器"阳光服务"的宗旨现已深入人心，用户遇到问题虽是投诉，但也是本着对SN电器的一份信任向公司寻求帮助，希望最终可以协调出解决问题的办法，但是目前SN电器处理投诉的效率影响着用户对于SN电器的这一份信任感和忠诚度。以下就是对影响SN电器客户投诉处理效率的因素分析。

（一）部分人员素质不高，业务技能不熟

1. 门店促销员缺乏责任心

从门店来说，门店除了少部分直营的营业员外，其他都是厂家分派到门店的促销员，缺乏一定的责任心。作为消费者，在SN电器门店购买产品，产品有问题第一个想到的也就是门店的促销员，而促销员的态度直接影响到用户去门店投诉的最终处理结果。现在，门店促销员一味地追求业绩，产品卖出后对于后期用户出现的问题就不管不问，用户找到门店后促销员还是抱着事不关己的态度，没有站在用户角度上积极地帮助用户解决问题，让用户觉得投诉无门。

2. 受理员业务技能不熟练，大区客服工单处理缺乏及时性

从客服来说，首先是受理员，受理员通过CRM（Customer Relationship Management）系统接听用户的电话，针对用户投诉的问题给出解决方案。受理员给出的解决方案关系到整个投诉处理效率的问题，所以，对于受理员的素质要求还是比较高的。但是，目前整个呼叫中心受理员接听用户电话的基本上都是实习生，SN电器对于实习生的培训只是短短的四五天时间，因为受理员业务技能不熟的原因同样会耽误用户投诉问题的有效解决。

除了受理员之外，大区客服在解决用户的投诉上起着重要作用。对于在受理员权限内处理不了的问题，受理员才会记录工单将问题交给大区客服处理，但是很多情况下大区客服会与门店之间互相推诿。比如一些退换货或者赠品的问题，用户在门店解决不了才将问题进一步投诉，希望投诉的问题能够得到有效解决。而大区客服在接到工单后非但没有能够及时给出处理方案，反而又

(续上)

将问题推给门店促销员或者督导,使用户对SN处理投诉的效率更加没有信心。

3. 物流与售后服务人员作业不规范

目前,因为SN电器的物流与售后绝大多数都已经授予外包,致使对服务人员没有一套完整的服务标准,而服务人员的服务水平以及服务态度也是影响用户投诉问题解决的重要因素。很多情况下,由于服务人员上门没有打开包装验机,致使用户耽误了退换货的时间,其实只要服务人员开箱验机,发现机器有问题将其报备给公司退换货热线,并将货拉回仓库就可以,但是因为服务人员怕影响自己的工资也怕给自己添麻烦没有将作业规范化,耽误了用户解决问题的时间。

(二)各部门信息链接脱节

1. 门店与客服信息对接不及时

因为门店与客服信息对接不及时的问题影响着投诉处理的效率,也会导致用户来电投诉的问题在客服处得到的承诺在门店得不到兑现。因为公司存在服务过失没有为用户及时地送货或者安装,耽误用户的时间,用户前期要求公司给予其赔偿,大区客服在与用户联系沟通之后,达成处理方案给其相应的赔偿并要求用户去门店领取,但是等用户真正到了门店,门店根本不知道此事,这样又会再次引起重复的投诉,原本已经解决好的问题只要与门店对接好,问题就能够及时解决,这样反复投诉不仅耽误用户时间,同时更会激化用户的情绪引起投诉的升级。

2. 物流与售后信息链接脱节

用户的要求只有及时地传达才能有效地为用户解决问题,但是,由于物流与售后信息的脱节导致耽误问题解决的时间。比如用户要求的服务时间受理员通过系统可以帮用户安排好,用户的需求也帮其备注清楚,可是当服务订单传达到当地时,并不能及时派工或者未能按照用户的要求为其服务。用户因此来电投诉时,受理员按照用户的要求与物流售后联系,传达用户的要求,可是物流售后还是如之前一般,根本不重视用户的投诉,导致用户投诉的问题未能及时解决,还将用户情绪进一步激化。

3. 总部与各大区之间的信息无法同步执行

目前,SN电器在全国各地区都开有门店,但是因为各门店涉及的地区太多,而SN电器对于各门店也缺乏有效的管理,导致总部所更新的信息各大区无法同步执行。这一问题导致用户觉得总部说一套而门店做一套,无法兑现给用户的承诺。特别是遇到退换货的问题,对于已付款没有提货的用户只要在半

(续上)

年之内,支付金额没有超过2 000元的按照总部的规定,用户是可以选择退换货的,但是在受理员作出承诺让用户去购机门店办理退换货手续后,门店依然坚持不办理,还对用户解释三包法,这只会让用户的不满情绪进一步激化,原本去门店就可以解决的问题又让用户再次投诉,耽误有效解决用户投诉的时间。

(三) 投诉预警方案不完善

1. 升级投诉的处理方案不完善

用户投诉分为普通投诉和升级投诉,受理员按照用户的情绪以及事态的严重紧急性作出判断。对于升级的投诉,很多用户会要求找领导接听其电话,但是受理员实质给其转接的过程只是找当天巡场的老员工接听电话,对于转接领导的问题没有一套标准的机制,也没有专门的部门人员,这样导致用户以为有所谓的领导给其解决问题,其实实质性的问题并没有得到解决。

2. 紧急事件的处理不够及时

紧急事件的处理情况体现了一个公司的服务效率以及整个公司的形象,虽然人无完人,公司也一样,但是还是要站在用户的立场为用户考虑,尽最大的努力将解决用户的问题。很多时候,因为公司的服务过失导致打乱了用户的时间安排,比如因为公司的原因当天没有给用户送货,第二天用户刚好要赶飞机出差,家里又没有人收货,如果来不及收货只能等用户回来之后再送,但是等用户回来之后商品已经过了三包的有效期限,影响到后期用户的退换货。

三、提高SN电器客户投诉处理效率的措施

(一) 提高人员的素质与业务技能

1. 加强门店促销的服务水平

虽然门店的促销是厂家并非直属SN电器的,但是只要进驻SN电器卖场就要服从公司对其管理。首先,对于用户来门店投诉要有一套完整的受理细则,在用户去门店找促销投诉时,促销员要了解用户的详情,在自己的能力范围内帮助用户解决问题,如果自己解决不了就要带领用户去门店的现场客服处,并安排用户休息,由门店的现场客服为其联系解决问题。除此之外,门店与厂家每月要及时沟通,反馈每月的投诉以及表扬状况,建立一整套考核制度,对于每月考核分数较低的促销员采取"一次警告二次劝退"的原则,对排名靠前的员工也要采取奖励措施,从而整体提高门店的对外服务形象。

2. 加强客服人员业务技能的培训,提高大区客服处理工单效率

之前受理员的业务培训只是通过讲师PPT演示学习业务知识和了解系统的操作方式,对于受理员业务技能培训方式要有所改变。首先,可以提供专门的多媒体培训教室,让还没有上岗的受理员能够亲自操作,因为只靠讲和听是

(续上)

不够的,要让每位受理员真正上机操作了,才能够学会如何操作系统。此外,对于业务知识这方面培训完后,要结合实际场景进行考试,考试通过后才能上座接听用户的电话,而不是懵懵懂懂地就正式工作,这样不管是对受理员还是对用户都是不负责任的。最后,在受理员上座后采取一对一的指导方式,对每位新上岗的受理员进行指导与监督。

大区客服在收到前台客服的工单时,应将工单及时分类,归属不同的责任人,提高工单处理的效率。大区客服将接收到的 T 单(通知单)下发门店,通知门店的现场客服做好接待工作,因为此类单据都是前台客服处理好的,只要让用户去门店办理手续即可。在接到 R 单(任务单)后,大区客服只需发给物流售后处理,这样不仅减少大区业务量,同时也引起物流与售后的重视。对于工单,在大区客服权限之内能够及时处理的,可以直接联系处理人员,按照公司的规定及投诉处理标准及时给出处理方案,避免用户多次打电话催回复。对于不能够直接给出处理方案的,客服代表需要联系相关领导或负责人的,在承诺的回复时间内,及时给用户回复,让用户对公司有信任感,用户才会感觉自己投诉的事情是受到重视的。

3. 加强物流与售后人员作业的规范性

为了加强物流与售后作业的规范性,可以定期将服务人员进行培训,加深服务人员对公司规章制度的重视。为了提高服务人员的服务水平,服务人员整齐穿戴公司的工作服,佩戴工号牌,每次上门要收取材料费用时,直接出示服务价目表,让用户清楚地知道所花的费用,并且服务人员每次服务完成后,让每一位用户填写服务满意调查,对每一位服务人员的工作进行评价,以此作为员工考核的标准。

(二) 加强各部门之间的信息连接度

1. 加强门店与客服之前的信息沟通

门店设置专门的大区对接人,大区客服在处理完工单后直接向对接人联系汇报用户相关的信息以及用户投诉的最终处理结果,再由门店的对接人直接通知门店的现场客服以及促销做好接待工作,这样避免用户再次将问题投诉到大区客服处,耽误用户的时间,同时也能够及时有效地解决用户的问题,让用户感觉到 SN 电器的服务水平。

2. 加强物流售后信息的链接度

物流与售后在收到客服的单据时,在派工之前与服务人员事先安排好,尽量满足用户的要求,如因情况特殊应与顾客事先沟通好,征得用户的理解,如果用户不认可,物流售后可以给其协调走加急。受理员在接听用户电话的同时,

(续上)

也要创建调查问卷,对于物流与售后信息链接情况做统计,监督物流与售后信息链接与执行工作。

3. 完善总部对大区的管理

针对总部及时更新的规定,定期对各门店的管理人员进行业务培训,及时掌控信息的更新情况,与此同时,再由门店对每位工作人员进行培训学习。由于在实习期间发现总部更新的很多规定门店都不清楚,因此,让各门店了解新规定是第一步。除此之外,门店能够与总部同步实行才是最主要的,为此,就要加强总部对各大区的管理。总部对各大门店每月制定一份考核表,针对门店对于总部规定的完成情况以及在门店投诉的解决率进行考核,并与同城市的门店进行比较,对于每月排名最后的门店进行通报批评,严重者追究责任人,给予处罚;对于每月排名第一的门店,同样也给予奖励。

(三) 完善投诉预警方案

1. 规范处理升级投诉的标准

对于升级投诉要求找领导的用户,公司要设置专门的预警专员,专门接听用户的领导电话,对于特殊用户也要特殊对待。在转接领导过程中,首先规范转接话术,让用户耐心等待,同时与预警专员做好沟通告知用户情况,并将电话转接过去,让真正的值班经理接听用户的电话而不是敷衍了事。

2. 制定紧急事件的处理方案

对于确实是公司服务存在过失的,用户家里确实是有紧急事件,比如赶飞机或者有老人、病人的,可以为用户申请走绿色通道,另外派车或者服务人员上门,及时为用户送货、安装、维修以及拖机等,努力不再耽误用户更多的时间,让用户能够深切地感受到 SN 电器的投诉处理效率。

提高投诉处理效率对于顾客而言,让其感受到自身的利益被尊重的同时又让其感受到 SN 电器的服务质量与办事效率。这不仅巩固了整个公司与顾客之间的良好关系,而且建立起 SN 在顾客心中的信赖感。相信 SN 电器如果能够采用以上方法和手段,就一定能够让顾客感受到 SN 解决投诉的效率,继而得到广大用户的认可,大大提升 SN 电器在用户心中的形象。

参考文献

[1] 陈剑. 加大调查力度 提高投诉处理效率[M]. 江苏:南京大学出版社,2010:30-48.

[2] 袁福珍. 企业顾客投诉的管理对策[M]. 人民大学出版社,2010:23-30.

[3] 陈海波. 浅论顾客投诉[J]. [期刊论文]—科教文汇,2010(7):68-91.

(续上)

[4] 古艳君. 转变投诉处理观念[J]. 中文科技期刊数据库, 2010(5): 56-79.
[5] 许艳萍. 论顾客投诉处理与顾客忠诚度的培养[M]. 广东工业大学出版社, 2011: 9-11.

☺即时互动: 请对该文进行全面评价。

_____
_____
_____
_____
_____
_____
_____
_____
_____

毕业报告实例评析四

论新导游带团中的问题及解决方式
——以南京 CYTX 旅行社为例
（××旅游管理　×××）

【摘要】　任何事物都是向前发展的，每一名成熟稳重的导游都是从年轻稚嫩的新导游蜕变而来的。作为一名新导游，在带团过程中必然会遇到一些问题，有自己可以解决的，也有自己没有能力解决的，南京 CYTX 旅行社新导游亦是如此。本文主要以南京 CYTX 旅行社为例，从新导游讲解能力有欠缺，未能摸清游客心理，与游客之间矛盾处理不当，对路不熟悉几个方面来阐述一名新导游带团中可能遇到的问题以及应对策略来帮助提高新导游带团的质量。

【关键词】　新导游　讲解能力　游客心理　矛盾处理

【引言】　南京 CYTX 旅行社是 2008 年成立的一家新公司，经过世博的发展，现在在北京、广西、云南、陕西、河南、山东、湖南和黑龙江等地设有办事处、代理商。它主营华东地接业务，其中"'华东风情'散客天天接"为公司的特色产

(续上)

品,一人也成团是公司宗旨,年接待量在华东地区名列前茅。我在公司属于实习导游,从7月份进公司到现在已有5个月的时间,公司安排了一位资深的老导游给我们培训,主要培训了华东五市的基本情况和各景点,包括南京、无锡、苏州、杭州和上海。在这期间,公司也安排我们接人,带一日游,跟团。公司安排我们接站,我们必须掌握好时间,无需太早,但也不能迟到,时间观念要强,否则会给游客留下不好的印象。南京一日游、上海一日游可以把学到的很多知识都运用进去,虽然不是华东五市全程,但也锻炼了自己,还有如何运用导游词,怎样和游客相处以及安排游客在南京或上海的食、住、行、游等问题。跟团的过程就是学习的过程,可以见识到不同类型导游的讲解风格,同时可以弥补自己所欠缺的知识,熟悉景点的路线,学习处理各种矛盾的方法。但新导游在带团中会遇到很多问题,如讲解能力欠缺,未能有效把握游客心理,不能及时发现问题,处理不好与游客之间的矛盾,未能及时掌握行车路线。本文通过列举这些问题并采取解决措施,来提高新导游的带团质量。

一、南京 CYTX 旅行社新导游的现状

南京 CYTX 旅行社目前拥有 60 多名导游,其中新导游有十几名。公司将导游定位为前 40%,中间 40%,后面 20%,新导游则属于后面的 20%。这些新导游大都是刚从学校出来参加实习的,也有刚开始导游工作 1 个月的。新导游的起点差不多,没有带团经验,更没有带"华东五市"的经验,知识层面缺乏,不了解华东五市的历史文化,基础知识不牢固。南京 CYTX 旅行社新导游在指导老师的帮助下将华东五市的历史文化知识大概学习了一遍,但还是缺乏很多其他知识,而且自信心不足,畏首畏尾,怕讲解不好,怕投诉,处理问题的能力也有待提高。新导游只有通过不断历练,接触不同的人,不断地总结之前的经验,多向他人学习交流,才会有进步的空间,才能为南京 CYTX 旅行社创造更大的利益。

二、南京 CYTX 旅行社新导游带团中过程中存在的问题

(一)讲解能力欠缺

导游人员是依照《导游人员管理条例》的规定取得导游证,接受旅行社的委派,为旅游者提供向导、讲解以及相关旅游服务的人员。所以,讲解是一名新导游最基本的技能,讲解的好与坏会影响整个团的操作,游客也会根据导游的讲解水平来判断一个导游能力的强弱。南京 CYTX 旅行社的新导游在带团过程中讲解并不能像老导游那样游刃有余,收放自如。这主要有四方面原因:

(1)自信心不足。新导游拿起话筒时就会脸红,紧张,大脑一片空白,说话语无伦次,结结巴巴,性格不够开朗。

(续上)

(2) 知识量缺乏。面对游客的提问无法回答,车上沿途讲解时,游客总会问:现在行驶在什么路上,路边栽种的都是什么花草树木,大楼叫什么名字。这些问题对于知道的导游来说很简单,但对于新导游来说并不容易。系统的知识很必要,一些零碎的小知识点同样十分重要。

(3) 讲解方法不当。新导游不会灵活运用导游词,面对不同的游客使用的导游词都是一样的,没有什么变化,不能够针对不同的游客使用不同的讲解方法,体现不出吸引人的地方与亮点。

(4) 语言表达不够艺术化。在讲解的过程中很少使用修饰性的词语,很少使用比喻、拟人、排比、对比等手法,语言比较生硬,不像老导游那样生动,使人印象深刻。

(二) 未能有效把握游客心理

南京CYTX旅行社新导游在带团过程中未能有效把握游客心理,不知道游客真正的心理需求,只是按照自己的模式进行操作。虽然游客外出旅游一般都有安全心理、猎奇心理、审美心理和求全心理,但不同类别的游客或特殊游客群体也有不同的心理,如女性游客与男性游客的心理不同,不同年龄层次的游客心理不同,单个人出游与家庭出游心理各异,不同文化层次的游客心理也不同。新导游没有将游客进行分类,没有抓住游客的心理需求,所以很难运用合适的方式进行讲解,很难最大限度地满足游客的内心需求。新导游若想很快获得游客满意的评价,必须把握好游客的心理需求以及出游的目的,然后再采取各种合理的措施满足游客的心理,取得游客的信任,这样才能达到良好的效果。

(三) 不能及时发现问题,处理好与游客之间的矛盾

南京CYTX旅行社新导游缺乏及时发现问题的能力。潜在问题随时间慢慢积压,最终会致使游客投诉,所以及时发现问题,处理好与游客之间的矛盾非常重要。当矛盾出现时,在处理问题的过程中,新导游不够冷静,慌张、急躁、没有任何头绪,对问题处理无从下手。例如,有一次一名新导游在上海接人,13个大人,2个小孩,第二天早上将15人送往南京(导游并不回南京),而公司只安排了13座的车(小孩也付了车位钱)。这让这名新导游非常着急,打电话到公司寻求能否重新安排一辆车过来,但当时处于国庆期间,公司根本就调不到车,让她自己解决。她也试图和游客解释,游客要求必须换车,不然就不走。在焦急中,司机师傅给了这个新导游一个建议:让2名客人坐长途汽车回南京。然后这名新导游选择了2位身体较强壮而且比较好说话的游客和他们作了解释,这件事情总算是妥善解决了。由于这名新导游在接人之前没有和司机确认有多少车位,只是听了公司的安排,所以问题没能及时发现,问题发生时又不够

（续上）

冷静,最后是在司机师傅的提点下找到了解决的办法。新导游由于经验少,遇到事情时容易慌乱。新导游要想解决好难题,必须随时保持冷静,看清局势,多方面考虑问题。

(四) 未能及时掌握行车路线

部分新导游对路不熟悉。有时新导游会遇到这样的情况,司机师傅不是经常跑华东线,对路况的了解程度基本上跟新导游一样,全程都需要GPS导航,而且对路上的情况也不了解,不能找到最便捷的路线,在路上会浪费很长时间,这样会耽误行程。因为不知道路,新导游掌握不好时间,不知道在什么时间讲解最合适,所以讲解效果也不是很理想。

三、解决新导游带团中存在问题的具体措施

(一) 利用各种手段提高讲解能力

1. 提供各种机会让新导游锻炼胆量,增强其自信心,提高讲解能力

公司可以让新导游带各种类型的团,通过接触不同类型的人群,跟不同的人进行交流,找到感觉,适应不同的游客,增强自信心。同时,也可以在公司会议或集体活动等场合让新导游在众人面前发言,大胆说出自己的意见与想法。新导游自己也可以去各景点免费为游客介绍讲解,或听其他导游的讲解。新导游通过这些途径,增强了自信心,提高了讲解能力。

2. 督促新导游不断学习,弥补缺乏的知识,提高讲解能力

公司可以规定新导游每天阅读一份报纸,汲取最新的信息,保持先进性,每月对新导游做一定的考核,谈谈学习心得。同时,新导游也要自主学习,培养广泛的兴趣,不仅要对与导游密切相关的历史、地理、宗教和艺术等有兴趣专研,而且对时事政治、自然科学等知识也要有兴趣涉猎,对周围的环境随时保持灵敏性,多看多记,大知识不能缺少,小知识也要重视。可以对新导游进行某方面知识的具体培训,使新导游不仅仅是知道一些表面的知识,更能经得起深层次的挖掘。也可以带领新导游听一些好导游的讲座,吸取他们的知识。新导游通过不断学习,不断地增长知识,才能言之有物,讲解才会别出心裁。

3. 重视新导游的讲解方法,通过运用不同的讲解技巧提高讲解水平

导游面对不同的游客应用不同的导游词,公司对新导游进行培训时应注意让新导游从不同的角度介绍,如面对老年人、青年人、儿童等,各应用什么样的讲解方法。面对知识层面高的与文化较低的群体,又该使用什么样的讲解技巧。新导游在自己带团过程中,也要不断摸索,尝试运用不同的讲解方法。

4. 注意语言表达的艺术性

新导游在讲解的过程中要注意语言表达的艺术性,适当地使用比喻、拟人、

(续上)

对比和排比等手法,让游客感到新奇,给游客留下深刻印象。加强语言表达的艺术性,增强导游讲解的艺术感染力,提高讲解水平。

(二)把握游客心理对症下药

要想摸清游客的心理,并不是一件简单的事情,需要公司和导游之间的配合。在每位新导游出团前,旅行社应告知新导游这些游客有哪些地方需要特别注意,从事的是什么工作等相关情况,尽可能提供多一点关于游客的资料,让导游有所准备。新导游要注意团中的人数情况,有无老年人、夫妻、一家三口或四口等。有老年人要多注意他们,因为老年人行动上多有不便,需要多加照顾。若有家庭出来玩时,要理解他们不想拼房或住标间,最好给它们安排家庭房,通过周到的服务、过硬的专业知识和妥善的行程安排让游客信服。同时,在处理问题的过程中,要让游客感觉导游做的很多事情都是为了游客好,都是在争取游客的利益,卸除他们的防备。根据游客的背景与他们交谈,可以多讲一点让他们感觉自豪的事情,通过沟通了解对方的性格及出游的目的,在行程过程中投其所好,运用合理的方式最大限度地满足对方的心理需求,同时也为公司带来更大的利益。

(三)及时发现问题,处理好与游客之间的矛盾

新导游在带团过程中要时刻注意游客的表现、行动、神情和态度,一旦发现异样,一定要事先解决,不能往后拖。遇到自己无法解决的问题,应立即打电话到公司询问,不得擅作决定。问题出现了要立刻妥善解决。在处理矛盾的过程中,要冷静,不能慌张,多方面考虑问题,然后找出解决问题的办法。若是导游的错误,首先要向客人道歉,说明理由,如果导致经济上的损失,导游要赔偿,安抚游客的心理,继续下面的行程,吸取教训,总结经验。若是游客的责任,导游也不应趾高气扬地怪罪游客,但要说明这样是不合规定的,同时也要安抚游客的心情,不要使游客感到尴尬,不自在。面对矛盾的处理,旅行社可以在导游会议上让各个导游讲述自己带团过程中遇到过的棘手问题,阐述自己的解决方式,也可以让其他导游参与其中,大家一起讨论,提出一些解决方案。在这过程中,新导游可以学到一些解决矛盾、回应游客的方式。同时,也可以现场模拟矛盾发生,要求新导游来解决,由其他导游给出评价与建议,从而提高新导游解决各种问题的能力。

(四)保持一颗谨慎的心,多记路,多看地图

CYTX旅行社每一名新导游都应该买一份华东五市的地图,在上团前,要想好哪条路比较好走,然后设定好要走的路线,这样更有利于行程。在带团的过程中,新导游要和司机师傅说明自己的想法,同时也要听取司机师傅的意见,

(续上)

然后比较哪种方式更合理，从中作出最好的选择。对于不熟悉的路，新导游一定要对照地图多记，同时也可以将一些标志性的建筑标注在地图上，方便以后辨识，随时保持一颗谨慎的心，多看，多记。

四、结论

南京CYTX旅行社是一个发展中的旅行社，对导游要求比较严格，所以新导游只有通过不断的学习与练习，增强自信心，弥补缺乏的知识，灵活运用各种讲解方法，增强语言表达的艺术性，提高讲解能力，摸清游客心理，迎着游客心理提供服务，及时发现问题，妥善解决与游客之间的矛盾，得到游客认可，提高带团技巧与水平，跟上南京CYTX旅行社优秀资深老导游的步伐。

参考文献

［1］张树夫.旅游心理学［M］.北京：高等教育出版社，2009：32-33.
［2］吴正平.旅游心理学教程［M］.北京：旅游教育出版社，2010：25-26.
［3］魏星.实用导游语言艺术［J］.北京：中国旅游出版社，2009：10-11.
［4］陶汉军，黄松山.导游业务［M］.北京：中国旅游出版社，2008：12-13.
［5］文朋陵，储九志.导游服务技能［M］.北京：中国旅游出版社，2010：13-14.

☺即时互动：请对该文进行全面评价。

毕业报告实例评析五

苏州JHJK企业产品推广营销策划方案
（××市场营销　×××）

【摘要】 本文在阐述苏州JHJK现状的基础上，对其市场竞争情况进行了

(续上)

详细分析,并使用 SWOT 工具分析了该企业的竞争优势、劣势以及机遇和挑战。特别研究了保健品市场的未来发展趋势,提出了苏州 JHJK 的营销策略,即产品策略、渠道策略和促销策略。希望能为苏州 JHJK 的营销活动提供帮助。

【关键词】 老年人 保健品 营销策略

【引言】 从只身一人带上一些简单的生活用品来到苏州的那天起,我就开始了步入社会的第一份工作,也就是我的实习工作。短短几个月的实习让我懂得了很多,也成长了很多。从基本的衣食住行到工作上的各种挑战,我都不再像刚出校园时那般青涩,渐渐地变得成熟。

刚到公司的那几天,我不能完全适应公司的工作环境以及一些制度,与同事不熟悉,不能很好地融入这个销售团队,因此常常感觉到很孤独。与此同时,我的工作业绩也一直不太好,让我感到很失败和沮丧,甚至有放弃的想法,开始怀疑自己是否真的适合从事营销类的工作。经过几番斗争与思考,我开始主动积极地与同事接触、沟通,渐渐的,我发现自己融入了这个团队,不再是孤军奋战,同时,我的坚持付出有了回报。我变得更加自信、成熟、冷静。

通过这几个月的实习,我发现现实与书本是有很大差别的,想要做好销售必须有良好的心态、敏捷的思维,以及一颗坚持不懈的心!对待顾客要用真心,只有你真心为顾客着想,为顾客服务,才能在销售这一行做稳做久;对同事要关心,别人困难的时候你伸出一只手,当你困难时就会有 1 000 只手伸向你;对自己要有信心,只有相信自己才能让别人相信你,你才能站得更高、走得更远。

在公司实习期间,我发现公司大多时候的营销工作是没有统一规划的,几乎都是各个营销人员自己想怎样销售产品就怎样做。缺乏一个统一体系的营销策略。所以,我结合所学的营销专业知识,从该公司的营销环境分析入手,对该公司产品的营销推广进行了详细的方案设计。

一、企业背景资料

苏州 JHJK 信息咨询有限公司成立于 1993 年,主要从事老年保健品销售与服务。该公司主打产品有益寿强身膏、"基因食物"—GHRF-1000、多功能制水机、负离子健康仪、七宝彩麦贡膳、天麦宝咀嚼片、健骨黄金 1+1(骨节康、骨疏康)、中华双神草、国树神草、佰慷藤茶和天年睡眠系统等。其中,益寿强身膏和基因食物是刚进入苏州市场的,其生命周期属于导入期,其他产品的生命周期属于衰退期。公司是按照人文因素中的年龄因素进行市场定位的,其目标对象是 50 岁以上的老年人。这些产品的主要功能是延年益寿,恢复年轻,减少各种老年疾病的发生,从而起到保健的作用。

(续上)

老年人随着年龄的增长,身体的各种器官功能逐渐衰退,从食物中摄取和自身合成某些身体所必需的营养成分的能力也随之减弱,很难满足身体的需要。再加上人口老龄化的加快,这就让老年保健品产业成了"朝阳产业"。

二、市场环境及 SWOT 分析

(一) 市场环境分析

随着我国人口老龄化进程的加快,老年人口在总人口中所占比例越来越大。据调查显示,从 2011~2015 年,全国 60 岁以上老年人将由 1.78 亿增加到 2.21 亿,平均每年增加老年人 860 万;老年人口比重将由 13.3% 增加到 16%,平均每年递增 0.54 个百分点。因此,老年人的健康就成了不可回避的社会问题,老年保健品行业也就应需而生。

结合这些年我国经济发展水平的增长以及生活水平的不断改善,消费水平的不断提高和保健意识的日趋加强,老年人对保健品需求也持续增强,我国老年保健品市场发展速度惊人。由此可以发现,我国老年保健品行业是"朝阳产业",有很大的潜力及发展空间。

老年保健品行业有很大的发展空间,但同时也面临着很大的挑战。一方面,老年保健品行业在中国发展的历史还很短,老年保健品没有真正深入人心,要突破这一难关还要很长时间。另一方面,老年保健品行业没有形成一个成熟的、系统的产业结构,市场状况不够规范,相对来说比较混乱。

任何机遇都附加着挑战,老年保健品行业现在就同时面临着机遇和挑战,这就要求企业的领头人要有很强的洞察力和对市场信息敏锐的反应力。

下面,针对苏州 JHJK 信息咨询有限公司的市场环境,对其进行 SWOT 分析,以便制定出合适的营销策略。

(二) 优势和劣势

1. 优势

苏州 JHJK 信息咨询有限公司成立于 1993 年,是一家在健康环保领域从事高端品牌产品经营和健康生活方式服务推广的高科技企业。企业发展过程中,与国内外众多机构建立了战略合作关系,包括江西济民可信药业集团、天年生物(中国)有限公司、上海中医药报、日本 OSG 株式会社和美国 CE-BIO 公司等。

与这些实力强大公司的合作,充分展示了苏州 JHJK 信息咨询有限公司的技术实力和产品竞争优势。

2. 劣势

(1) 市场发育不足。如今市场上保健品品牌应接不暇,保健品市场鱼龙混

(续上)

杂,但是真正的名品牌并不是很多。名气很响或者是质量、口碑很好的保健品牌更是少之又少。

因为保健品见效慢,所以,很多技术方面都远比不上药品严格,国家政策也相对较宽松。但正是这样的一个较为宽松的要求标准使得我国保健品行业缺乏新品,产品功能雷同,整个保健品行业不注重产品技术研发而是盲目追风仿照。这样循环往复,保健品行业就形成了一种恶性竞争。

苏州JHJK信息咨询有限公司所销售的产品也存在着这样的问题:品牌名气不大、消费者认可度不高、见效慢、相似竞争品很多等。

(2) 产品信誉较低。纵观整个保健品行业,几乎所有保健品都存在一个严重的问题,就是噱头大,华而不实。甚至还有很多商家夸大其词,过分炒作其治病功能,违规经营。让整个保健品行业都陷入信誉危机,甚至很多保健品都被政府、媒体曝光,导致保健品在广大消费者心中的地位不断降低。

这些过度炒作,不注重质量的经营模式最终只会失去消费者的信任,给企业带来极大的危害。受保健品中的害群之马的影响,使得苏州JHJK信息咨询有限公司所销售的产品也存在一定的信誉危机。

(3) 宣传力度不够。提到老年保健品,消费者更多地会想到"脑白金"、"黄金搭档"之类的产品,而对于其他保健品,消费者则所知甚少。事实上,市场中销售的保健品品牌繁多,数不甚数,那么到底是什么原因导致这样的结果呢?

这是因为很多厂商会在杂志、报纸和广播等宣传媒体进行广告宣传。这些宣传方式经济、省钱,但是往往达不到宣传的效果,有时会起到反作用,让产品在消费者心中地位下降,对该产品反感。

苏州JHJK信息咨询有限公司有销售的产品时,所作的宣传活动力度不够,对消费者的影响力也较差。

(4) 价格过高。随着我国经济的增长,家庭收入的增加,一部分家庭可以承担用于保健的支出,但是面对动则成千上万标价的保健品,还是让很多有保健需求的家庭望而却步。过高的价格让保健品市场缩小了很多。苏州JHJK信息咨询有限公司的产品属于中高档产品,价格偏高。

(三) 机会与威胁

1. 机会

(1) 消费市场的扩大。截至2008年年底,全国65岁及以上人口为10 956万人,占全国总人口的8.3%,比上年上升0.2%。60岁及以上人口为15 989万人,占全国总人口的12%,比上年上升0.4%。"十二五"规划提出,随着第一个老年人口增长高峰的到来,中国人口老龄化进程将进一步加快。未来20年,

(续上)

中国人口老龄化日益加重,到 2030 年,全国老年人口规模将会翻一番,老龄事业发展任重道远。

由此可见,老年保健品的消费群体越来越大,也就意味着老年保健品的社会需求将越来越大。市场容量的扩大为苏州 JHJK 信息咨询有限公司带来了很大的机遇。

(2) 保健意识的增加。随着科学教育在各行各业的渗透,以及健康知识、保健常识的普及教育,很多中老年人都认识到了健康的重要性。如今,社会上老年人的健康状况让人很是焦虑,各种老年并发症的出现,更是让老年人认识到保健的重要意义。

送礼送健康的意识深入人心,很多子女也意识到了这一点,十分关注老年人的身心健康。逢年过节不再是送烟酒而是送健康、送保健品。

这些消费意识的变化,带给了苏州 JHJK 信息咨询有限公司更多的客户群体。

(3) 消费者购买实力的提高。光有需求而没有购买力也无法促成一个完整的销售过程。随着中国经济实力的增长,居民家庭收入的增加,越来越多的家庭已经步入小康。对于一般的老年保健品,他们有足够的购买力。

2. 威胁

(1) 大品牌的进入。众多大品牌保健品进入苏州市场,使得苏州 JHJK 信息咨询有限公司的竞争压力更为巨大。例如,安利产品进入苏州保健品市场,划走了保健品市场的大量客户群。

(2) 其他保健替代品。随着人们保健意知识的增强,保健方式更加多元化,比如加强体育锻炼、读有益的书、听歌等。这些保健品的替代品越来越得到更多消费者的认可,使消费者对保健品的依赖程度进一步降低,也大大威胁了苏州 JHJK 信息咨询有限公司对保健品的销售业绩。

三、保健品行业未来发展趋势

(一) 市场扩大

目前,保健品市场大多都集中在城市,但是中国的农村人口是远远大于城市人口的,农村市场将成为保健品的主要市场。农村人口中有相当大数量的老年人对保健品是有需求的,只是目前农村老年人的保健意识还是相对薄弱。但是随着农村经济的增长,科学教育的迅速发展,日后这些老年人的保健意识将会不断加强,必将刺激老年保健品行业市场的不断扩大。

中国加入 WTO 之后,各行各业都与国际社会接轨,加快了市场经济的发展。中国的保健品行业将抓住机遇,迎接挑战走向世界。国外市场的开拓也将

(续上)

扩大保健品市场。

（二）新型产品的开发

目前，中国市场上保健品的品牌很多，但是保健功能都是大同小异，很多保健品的用料都雷同。产品没有新意，没有特色，也就缺乏竞争力，很难在众多保健品牌中树立自己的形象，脱颖而出。面对越来越激烈的市场竞争，保健品商家将会在技术层面上创新。

现代科学技术的发展大大地促进了保健品行业的技术创新，外太空科学技术的发展，也将促进太空保健品的开发。

（三）价格下降

一直以来，保健品的价格都居高不下，让很多有保健需求的消费者可望而不可即。如今，保健品市场品牌越来越多，竞争越来越激烈，商家们为了争抢客户，扩大市场，增加营业额，不得不采取降价的促销方式。再者，保健品的成本也将越来越透明化，与制作成本相比，适当降价以换取更多的销量，大部分商家还是愿意这样做的。

（四）规范化

当前，我国老年保健品市场现状比较混乱，很多商家急功近利，为了牟取暴利，大肆宣传，对消费者死缠烂打，不把心思放在提高产品质量上。并且相互诋毁竞争对手，形成恶性竞争。以至于这些产品在消费者心目中的形象大打折扣，最终还是两败俱伤。这些情况已经得到国家政府的重视，面对这样的局面，国家已经颁布了一些政策法规，如国家食品药品监督管理局关于实施《保健食品注册管理办法（试行）》的有关通知，国家食品药品监督管理局关于保健食品广告审查有关事项的通知，保健食品良好的生产规范等。未来的保健品市场将会越来越规范，让消费者买得舒心，用得放心。

四、苏州 JHJK 信息咨询有限公司的营销策略

（一）产品策略

苏州 JHJK 是一家以销售保健品为主的销售企业，为更好地进行产品的销售，在进行产品品类选择时，要针对苏州客户的特别需要，根据消费者市场的特征，选择更为适合的产品进行主推，并设计一系列的产品组合进行组合推广。

（1）主推产品。结合前面的分析，苏州 JHJK 应当重点推出以下两款主打产品。一是益寿强身膏。这种产品的医疗功效主要有促进消化，改善老年人睡眠，排毒养颜，增强记忆力，降血糖血脂，增强免疫力，强身壮骨，增强活力精力，让老年人延年益寿。二是 GHRF-1000。这种美国原装进口的"基因食物"的医疗功效是通过激素刺激人的下丘脑，使其分泌生长因子从而逆转衰老，让人

(续上)

年轻10岁等。这些功效可以从更大程度上满足老年人追求年轻生活的欲望,比较容易让苏州地区具有一定经济实力的,知识层次较高的消费者认可和接受。

(2) 系列产品组合。针对一些有多种身体不适同时存在的老年消费者,公司可以推出系列产品组合,帮助他们同时解决多种身体问题。

如可以推出天年睡眠系统和益寿强身膏的组合,天年睡眠系统提供外部的胃部按摩,而益寿强身膏提供内部的调理。这两种产品一是从外,一是从内,可以对老年消费者的胃部不适进行改善。

再如,可以推出负离子健康仪和健骨黄金进行组合,负离子健康仪每天治疗,可以减缓骨质老化问题,而健骨黄金可以为老年人骨骼提供必需的营养物质,也是从外至内对老年消费者的骨骼健康提供帮助。

这些产品组合的设计,为消费者购买保健品提供了更多的科学、合理的组合和建议,为消费者更好地进行保健品消费提供帮助,可以减少他们选择保健品时的迷惘和错误的选择。

(3) 优质的产品服务。保健品的外延产品就是产品服务。提供优质的产品服务是提高保健品产品竞争优势的一个重要方法。大部分老年人的子女都不在身边,一般都缺乏关心和情感沟通,因此老年人需要特别的照顾和无微不至的关怀。要让消费者满意最关键的就是服务要贴心、要恰到好处。苏州JHJK信息咨询有限公司为老年顾客提供了放大镜、饮用水、水果等,让消费者感觉到企业对他们的关心。

(4) 产品包装的设计。产品的包装不仅是保护产品,同时更是对产品的一种宣传。对于老年人的消费群体来说,他们更多注重实用,并不追求时尚。所以,产品的包装也都以实用为主,字迹清楚大方,方便老年人查看产品的信息。这类包装易赢得老年人的喜爱,获得他们的认可。

(二) 渠道策略

(1) 销售渠道。老年人大多腿脚不便,为了购买产品,往返于企业的销售门店对他们来说实在是难事。苏州JHJK信息咨询有限公司为了方便老人了解产品信息,提供了上门服务,定期拜访行动不方便的老年客户,为他们解答产品知识的疑问,免费赠送保健书籍,提醒他们在生活中均衡膳食,并为他们做一些常规的身体检查,如测血压、脉搏、量体重等。让老年人足不出户也能得到最优质的服务。

(2) 运输渠道。保健品的运输必须要严格按照产品的运输、保存要求操作,稍有疏忽就有可能影响到产品的功效,甚至导致产品变质。例如,部分产品要避免阳光直射,要放潮、防水,如基因食物、益寿强身膏等。还有的需要避免

(续上)

高温,需要冷藏,轻拿轻放,这些都要严格把关,才能保证产品的质量。

(三) 促销策略

促销策略可以说是保健品销售中的重要活动。良好的宣传,可以让消费者认可产品,进而购买产品。前面分析中也提到,有些保健品企业不善于利用合适的宣传媒体进行广告宣传,反而取得相反的宣传效果。因此,苏州JHJK要善用媒体宣传。首先需要了解大众的心理,以大部分消费者愿意接受的方式去宣传产品,这样不仅可以大到宣传效果甚至可以事半功倍。可以采用以下一些促销宣传方式:

(1) 讲座促销。苏州JHJK信息咨询有限公司为了让消费者更加了解产品信息,促进产品的销售,可以定期召开老年人保健知识讲座。每场讲座,销售顾问都会邀请顾客参加,在了解保健常识的同时了解本企业的产品信息。

另外,中国人佳节送礼的传统也有助于老年保健品在佳节时的促销,逢年过节之时,不仅可以邀请老年消费者参加讲座,也可以邀请一些年轻人参加,方便他们购买合适的保健品孝敬老人。

(2) 广告促销。首先,老年人历经沧桑,明晓世事,所以在销售时如果过分依赖广告宣传,非但不能促进销售,反而很有可能让老年消费者产生逆反心理,从而拒绝该产品。因此,苏州JHJK信息咨询有限公司在进行广告宣传时,要实事求是,不要夸大其词,胡乱宣传,免得引起老年消费者的反感。

其次,进行广告宣传时,还照顾到老年人的心理需求。广告语要能体现出公司尊重老人、敬爱老人的公司文化。要从细微处体现对老年人无微不至的关怀。

另外,广告的设计要尽量充满人情味,以便拉近公司和老年人之间的距离,并能博得他们的好感,让他们相信公司,进而相信公司所销售的产品,最终产生购买。

参考文献

[1] 苏州JHJK信息咨询有限公司信息网.
[2] 周露阳. 我国老年保健品营销现状与策略选择. 百度文库.
[3] 曹成喜. 市场营销[M]. 上海:立信会计出版社,2004.
[4] 汪中求. 细节决定成败[M]. 北京:新华出版社,2004.
[5] 郭国庆. 市场营销管理——理论与模型[M]. 北京:中国人民大学出版社,2003.

☺ 即时互动：请对该文进行全面评价。

单元二　毕业论文(设计)答辩指导

〖毕业报告答辩〗是审查毕业设计的一种补充形式，毕业报告的成绩一般由指导老师评价成绩和评审小组评阅、答辩成绩组成。毕业报告答辩的主要目的，是审查文章的真伪、审查作者知识掌握的深度，审查文章是否符合要求，以求进一步提高毕业报告的质量。学生通过答辩，让教师、专业人员进一步了解文章立论的依据，处理课题的实际能力，这是学生可以获得锻炼和提高的难得机会。

报告答辩小组一般由3~5名教师、企业专业人员组成，所提出的问题一般仅涉及该文的学术及应用范围，而不是对整个学科的全面知识的考试和考查。报告答辩小组通常对文章中不清楚、不详细、不完备、不恰当之处，在答辩会上提出来。为此，报告答辩的内容常包括以下几方面：了解、考查本课题的研究工作是否为作者本人所做，以及对课题的理解程度；引导作者对报告中的新发现、新思路作进一步的阐述和发挥；询问报告中存在的不清楚、不确切、不完善之处；提出与本课题有关的问题，考查作者的知识水平、解决问题的能力和表达能力等。

一、答辩程序

1. 学生概述论文。(3~5分钟)
2. 答辩小组人员提问。

3. 学生答辩。(一定要正面回答或辩解,一般允许准备 5 分钟)
4. 评定成绩。(答辩会后答辩小组商定)

二、学生准备

毕业报告答辩是一种有组织、有准备、有计划、有鉴定的比较正规的审查报告的形式。为了做好毕业报告答辩,在举行答辩会前,答辩者需要做好充分准备。

首先,论文题目是对报告内容"最集中化"的概括。对题目中的关键词,自己一定要能够给予透彻的阐述和解释。

其次,要熟悉自己所写论文的全文结构。尤其是要熟悉主体部分和结论部分的内容,明确报告的基本观点和主论的基本依据;弄懂、弄清报告中所使用的主要概念的确切含义,所运用的基本原理;同时,还要仔细审查、反复推敲文章中有无自相矛盾、谬误、片面或模糊不清的地方,有无与党的政策方针相冲突之处等。如发现有上述问题,就要做好充分准备,提前搜集相关资料,以便答辩时及时进行补充、解说。这样在答辩过程中,就可以做到心中有数、临阵不慌、沉着应战。

再次,要了解和掌握与自己所写报告相关联的知识及材料。如自己所研究的这个论题学术界的研究已经达到了什么程度,目前存在着哪些争议,有几种代表性观点,各有哪些代表性著作和文章,自己倾向于哪种观点及理由;重要引文的出处和版本;论证材料的来源渠道等。这些方面的知识和材料都要在答辩前做到有比较好的了解和掌握。

最后,报告还有哪些应该涉及或解决,但因力所不及而未能接触的问题,还有哪些在论文中未涉及或涉及很少,而研究过程中确已接触到了并有一定的见解,只是由于觉得与论文表述的中心关联不大而没有写入等。

对上述内容,在答辩前都要很好地准备,经过思考、整理,写成提纲,记在脑中,这样在答辩时就可以做到心中有数,从容作答。

☝ 阅读资料:

答辩的准备工作学生可以从下列问题中,根据自己实际,选取三五个问题。时间一般不超过 10 分钟。内容最好烂熟于心中,不看稿纸,语言简明流畅。主要问题有:

1. 为什么选择这个课题(或题目)研究、写作?有什么价值或现实意义(与岗位、专业的关联)?

2. 说明这个课题的历史和现状,即目前已经做过的研究,取得的成果,还没有解决的问题,自己新的看法,提出并解决的问题。

(续上)

> 3. 文章的基本观点和立论的基本依据,本文提出的见解的可行性。
> 4. 目前对某些问题的具体争论,自己的倾向性观点,文章具体内容的解释说明。
> 5. 本应涉及或解决但因力不从心而未接触的问题;因认为与本文中心关系不大而未写入的新见解。
> 6. 联系岗位分析应用、写作毕业报告和实习的体会等。
>
> 总之,要做好口头表述的准备。不是宣读论文,也不是宣读写作提纲和朗读内容提要。

三、报告汇报

报告汇报要求学生对论文的内容进行整体介绍,明确报告需要从哪些方面进行汇报,不但可以缓解答辩前的紧张心理,更可以增加答辩的自信心,做到"心中有杆秤",对于顺利完成论文答辩有非常重要的意义。建议答辩者从以下四个方面内容进行汇报。

1. 基本信息

介绍毕业论文和作者的基本信息,包括:题目、指导老师姓名、作者姓名,这是论文答辩的开场白,也是答辩人必须告诉答辩委员会的内容。

2. 研究背景、意义

介绍研究背景包括论文题目来源和研究目标等信息。任何研究都不是凭空得来的,都是在一定的理论和实践基础上提出的,选题的背景着重介绍选题的实践来源与创新点。

毕业报告的意义包括理论意义和实践意义两个方面,研究意义往往和研究来源密切相关,需要做到"前后呼应",报告完成后是否完全或部分解决了自己论文开篇所提出的问题,这是需要作者进行解答的。研究难点和创新点也需要进行介绍,可以体现作者的付出与努力,同时表明了研究的创新意义。

3. 研究主要内容与结论

介绍研究的主要内容与结论,是论文答辩的主体部分。研究分为几个部分,对于众所周知的和支持本研究的内容只要做简要介绍;报告的核心内容和具有创新特点的内容,则需要进行较为详细的介绍。

4. 报告的不足、难点和创新点

报告中的不足可一般介绍,难点和创新点也可以结合研究主要内容与结论介绍。

上述四个方面是论文答辩时候必须介绍的,若作者认为自己的报告还有其他方面需要特别说明,可以根据具体情况,进行灵活把握,但切记不要"照本宣科"!

四、老师提问

论文汇报完成后,答辩老师会提出3～5个问题,老师会从哪些角度进行提问,这也是答辩者非常关心的问题。

一般而言,答辩老师会从检验真伪、探测能力和弥补不足三个方面提出问题:检验真伪,即围绕报告的真实性拟题提问;探测水平,即选择与报告主要内容相关的问题,检测学生的水平高低,检验基础知识是否扎实,如报告中涉及的基本概念、基本理论以及运用的基本原理等;弥补不足,即围绕报告中存在的薄弱环节,如论述不清楚、不详尽、不确切之处提问,答辩者需要进行补充阐述或提出解释。

答辩老师所提出的问题不尽相同,但是其中也存在某些特定的提问"热点区",在此简要介绍几点,供同学们参考学习。

首先,是报告的题目,题目是报告的"最简化的概括",直接反映了研究的内容和对象。答辩老师首先会考虑这方面的问题:题目是否科学?是否能够概括所做的研究?题目中的关键词(尤其是与研究内容密切相关的词语)的含义?如果题目中存在歧义或表达的意思不够一致,抑或所做的题目太过"创新",答辩老师极有可能会提出一些相关的问题。

其次,与报告相对应的研究成果,如关于平台建设、产品设计类的论文,就需要展示平台或者产品样本,这部分内容是研究的点睛之处,这也是答辩老师最为关心的。在答辩的汇报过程中,最好能多花些时间在这部分,清晰陈述研究成果,避免产生不必要的误解,如让老师以为你的研究成果与已有的研究相重复,或是研究成果过于简单,不具体,无可行性。

最后,报告中研究的一些细节,如图表的格式、参考文献的书写、论文摘要的规范性、关键性数据的引入等,这些细节也要引起足够的重视,细节之处尽显研究的科学性和严谨性。如在报告中出现明显的细节性错误,不符合报告写作要求,往往也会成为答辩老师关注的"热点"。

上述四点只是概述了老师们关注的部分问题,因此,不要仅限于考虑上述问题。在答辩之前,也可以与论文指导老师进行交流,指导老师会有针对性地提出一些"常见问题"。

五、学生回答

(一)答辩态度要沉着、自信

良好的心态是保证论文答辩顺利进行的一个重要因素,要克服怯场心理,消除紧张情绪,保持良好的心理状态。要有自信意识,这是学生应具备的最基本的一种心理素质。凡是有充分自信意识的学生,答辩过程中就会精神焕发、心绪镇静、神态自若、思维敏捷、记忆完整,答辩淋漓尽致地发挥。

报告论文的内容,就是报告自己的研究工作。这些工作都是自己亲身经历的,应当很熟悉。在为论文答辩做了充分准备的基础上,我们大可不必太紧张,要有自信心。树立信心,消除紧张慌乱心理很重要,因为过度的紧张会使本来可以回答出来的问题也答不上来。只有充满自信,沉着冷静,才会在答辩时有良好的表现。因此,对自己的报告应该充满信心。这样,你就会态度镇定、沉着,应对自如。

(二)答辩仪态和风度自然

进行答辩时,要注意仪态和风度。如果答辩者能保持良好的仪态和风度,给答辩老师留下良好的印象,那么我们的答辩就有了一个好的开端。

1. 衣着得体

报告答辩是学术研讨和交流的"盛会",是一项严肃、正式的活动,要注意挑选适合的衣服,这也有助于帮助自己调整心态,提高自信心。男生可以穿长裤和衬衫(夏天也可穿短袖衬衫),衬衫最好束在裤子里侧,露出皮带。除了裤子和衬衫的搭配,女生也可以选择穿裙子,裙子最好及膝,可以是连体裙,也可以是混搭的裙子和上衣,裙子适宜选择较正式的款式。

2. 体态自然

衣着之外,体态也非常重要。凹胸驼背会显得怯懦、自卑,挺胸过度又显示情绪过于高昂,甚至给人傲慢自负的感觉。因此,上身保持自然的挺拔是最好的状态,脊背的挺拔能体现一个人的自信。可以略微弯腰、稍欠身,表现出应有的谦虚和礼貌。两手自然垂放,忌讳两手一直交叉置于身前,这样会显得太过拘泥刻板。

(三)答辩问题回答审慎

在答辩老师提问题时,要集中注意力,认真聆听,并将问题和自己的思考略记在本子上,仔细推敲答辩老师所提问题的关键和本质。忌讳答非所问。如果对所提问题没有听清楚,可以请提问老师再说一遍。如果对问题中有些概念不太理解,可以请提问老师做些解释,或者把自己对问题的理解说出来,并问清是不是这个意思,等得到肯定的答复后再作回答。只有这样才能答到点子上。

在弄清了答辩老师所提问题的确切含义后,要在较短的时间内作出反应,充满自信地以流畅的语言和肯定的语气把自己的想法讲述出来,不要犹犹豫豫。回答问题,一要抓住要害,简明扼要,不要东拉西扯,使人听后不得要领;二要力求客观、全面、辩证,留有余地,切忌把话说"死";三要条理清晰,层次分明。此外,还要注意吐词清晰,声音适中等。

有时,答辩委员会的老师对答辩人所作的回答不太满意,还会进一步提出问题,以求了解作者是否切实搞清和掌握了这个问题。遇到这种情况,答辩人如果有把握讲清,就可以申明理由进行答辩;如果不太有把握,可以审慎地试着回答,能回答多少就回答多少,即使讲得不很确切也不要紧,只要是同问题有所关联,老师会引导和启发你切入正题;如果的确是自己没有搞清的问题,就应该实事求是地讲明自己对这个问题还没有搞清楚,表示今后一定认真研究这个问题,切不可强词夺理,进行狡辩。

☺ 即时互动一:个人与答辩老师的观点有差异时怎么办?

☺ 即时互动二:请从例文或本专业往届学生毕业报告中选择一到两篇,按照正式答辩程序、规则模拟答辩。答辩程序与文本资料参考本书后附表格。

附 综合实践常用表格与填写说明

实习期间单位相关信息

实习单位及相关信息一				
实习周次	—	时间	年 月 日至 年 月 日	
实习单位名称				
实习单位地点				
实习单位联系人	填写姓名与称谓。	手机		
		电子邮件		
实习岗位与 实习主要内容	填写实习岗位与主要内容,主要内容应详细介绍,要写实。			
校外指导教师		职称		
校内指导教师		职称		
实习单位及相关信息二				
实习周次	—	时间	年 月 日至 年 月 日	
调整单位原因 (需要另附转岗申请)	与转岗申请表相一致。			
实习单位名称				
实习单位地点				
实习单位联系人		手机		
		电子邮件		
实习岗位与 实习主要内容	参考"学生实习表现与单位评价成绩表"。			
校外指导教师		职称		
校内指导教师		职称		

实习单位申请表

姓　　名		学　　号	
专　　业		班　　级	
家庭联系电话		本人联系电话	
QQ号码		邮　　箱	
家庭地址（邮编）			
实习单位名称			
实习单位地址（邮编）			
实习单位联系人		电　　话	
实习单位负责人		电　　话	
拟实习时间	年　月　日至　　　　年　月　日		
实习单位概况	介绍单位主营业务、规模、发展水平等基本信息。		
指导老师简介	介绍单位指导教师或直管领导学历、职称（务）、工作阅历等基本情况。		
实习单位意见	（公章）： 　　　　　　　　　　　年　月　日		
校内指导老师意见	签字： 　　　　　　　　　　　年　月　日		
教研室意见	签字：（公章）： 　　　　　　　　　　　年　月　日		

注：① 自主联系综合实习单位的学生应在实习前向所在二级学院（系、部）提供综合实习单位的接收证明，按照学院（系、部）相关规定办理手续；

② 学生综合实习期间必须按照综合实习任务书要求完成实习任务，综合实习期间不得无故离开综合实习单位，特殊情况需变更综合实习单位，必须经指导老师上报学院（系）批准，并填写新的"实习单位申请表"粘贴此处。

③ 学生所留联系方式必须准确，变化电话号码等应及时联系校内指导老师；

④ 本表一式两份，二级学院（系、部）及申请人各一份。

学生实习表现与单位评价成绩表

学生姓名		所学专业		班级	
实训(习)单位					

实习主要岗位：

　实习岗位的名称及主要职责说明。

实训(习)内容：

　实习的主要内容如果有时序性,可以分时间段介绍;如果没有明确的时序性,可以适当总结分几点来介绍,先介绍主要的工作内容,再介绍相对次要的工作内容。本部分内容要联系实践认真总结,不能过于简单,仅用几个字介绍。如同样做营销,各个单位具体工作任务并不完全相同,不能直接写"销售",要联系单位工作实践,层次分明的描述实习期间的主要工作任务。

实习表现及完成任务情况(请具体说明)：

　此部分内容由单位指导教师填写,但不少单位没有办法配备合格、有责任心的指导教师。不少单位指导教师评价常常非常简单,如果单位指导教师无法完成该项内容,可由学生自己实事求是地打初稿,请单位领导审核、修改后,由单位领导抄写。如果学生写草稿,一定要如实评价自己,同时注意用语、人称要变换为单位领导、教师的角度。表现证明不能够仅写形容词,如"非常好",要有客观、全面的评价。

　　　　　　　　　　　　　　　　　　　单位指导教师签名：

　　　　　　　　　　　　　　　　　　　　　　年　　月　　日

实训(习)期间综合表现鉴定(百分制成绩)：

　成绩要如实评价,不能随便写"100分"。

　　　　　　　　　　　　　　　　　　　　　　单位签章：

　　　　　　　　　　　　　　　　　　　　　　年　　月　　日

毕业报告选题审批表

学生姓名	姓名	实习单位	实习单位名称
报告题目		报告题目名称	

一、选题简介：
　　本部分主要撰写以下内容：(1) 课题研究的背景，即根据什么、受什么启发而做这项研究；(2) 研究的目的、意义。可以从现实需要方面去论述，指出现实当中存在这个问题，需要去研究、去解决，本课题的研究有什么实际作用；可以同时从理论研究角度适当阐述。

二、选题与实习工作岗位的关联：
　　本部分主要撰写以下内容：(1) 实习单位及岗位、实习期间的主要内容；(2) 选题与工作岗位的联系点，选题能够解决工作中的具体问题，对岗位哪些方面有参考借鉴作用；也可以说明选题对本人自身发展或职业升迁等方面的借鉴意义。

三、报告的主要内容：
　　相对研究目的来说，研究内容要更具体、明确，不要将提纲简单抄录，要详细说明报告的主要内容。

四、报告进度计划：
　　本部分撰写课题研究在时间和顺序上的安排。研究的步骤要充分考虑研究内容的相互关系和难易程度。一般情况下，都是从基础问题开始，分阶段进行，每个阶段从什么时间开始，至什么时间结束都要有规定。课题研究的主要步骤和时间安排包括：整个研究拟分为哪几个阶段；各阶段的起止时间；各阶段要完成的研究目标、任务课题。如果是小组合作完成的，可以把任务分工的情况写清楚。另外注意时间进度应与学校毕业综合实践的时间进度相一致，可参考任务书上的安排。

(指导教师)审查同意签名：_____
　　　　　　　　　　年　　月　　日

毕业报告指导与综合实习评价表

五、报告指导、修改记录（主要问题及修改建议及调整内容）：

指导记录一：

详细填写指导过程中指导教师的修改建议及学生自己的调整情况，第一次一般以选题为主。

指导记录二：

第二次一般以选题、提纲为主。

指导记录三：

第三次一般以初稿、结构调整、资料补充为主。

指导记录四：

第四次一般以定稿前微调、格式调整、答辩指导为主。

六、综合实习（含毕业报告）综合评价：

从选题、层次结构、内容、语言风格、报告应用价值等多方面综合评述。（指导教师填写）

建议成绩（百分制成绩）：

分数要与评语相一致。

指导教师签名：＿＿＿＿＿＿
　　　　　　年　　月　　日

学生实习情况记载一

实训(实习时间):＿＿＿年＿月＿日至＿＿＿年＿月＿日

时 间	工 作 内 容	备 注
	详细总结每天工作主要内容,要及时填写,一般不要每天相同,也不能够太简洁,通过工作内容介绍,老师可以掌握学生工作的基本情况。	

(续表)

本月实习情况总结：
（含实训或实习内容、本周实训或实习的收获和体会、主要存在问题、指导老师的建议及自己拟采取的措施等。）

单位指导老师意见：
（意见要实事求是，如果单位领导较忙也可由学生完成草稿。）

单位指导老师签名：_____

答 辩 记 录 一

一、答辩中提出的主要问题及回答情况记录(可附页)：
  1.

  2.

  3.

二、答辩小组评语：
  评语从实践报告选题价值、内容质量、材料格式及完整性、答辩情况等方面综合评价。

                                          答辩小组答辩成绩：

三、答辩小组成员：

姓　　名	职务(职称)	工 作 单 位	签　名	备 注

学生变更综合实习单位申请表

姓　　名		学　　号	
专　　业		班　　级	
家庭联系电话		本人联系电话	
QQ 号码		邮　　箱	
家庭地址（邮编）			
原实习单位名称			
新实习单位名称			
新实习单位地址（邮编）			
新实习单位联系人		电　　话	
新实习单位负责人		电　　话	
预计实习时间	年　月　日至　年　月　日		
原实习单位意见及实习表现评价	（公章）： 　　　　　年　月　日		
申请变更理由	翔实填写变更理由，如无正当理由将影响正常毕业。 签字：		
家长意见	签字：		
新实习单位意见	（公章）： 　　　　　年　月　日		
校内指导老师意见	签字： 　　　　　年　月　日		
教研室意见	签字： 　　　　　年　月　日		
二级学院（系、部）审批意见	签字：（公章）： 　　　　　年　月　日		

注：① 学生应在实习前向所在二级学系、教研室提供综合实习单位的接收证明，按照学院相关规定办理手续。

② 学生综合实习期间必须按照综合实习任务书要求完成实习任务，综合实习期间不得无故离开综合实习单位，特殊情况需变更综合实习单位，必须经分院（系）批准；

③ 无法取得"原实习单位公章"视为未经原单位同意，变更理由不充分者指导老师不得同意！

毕业报告答辩与资料归档流程图(参考)

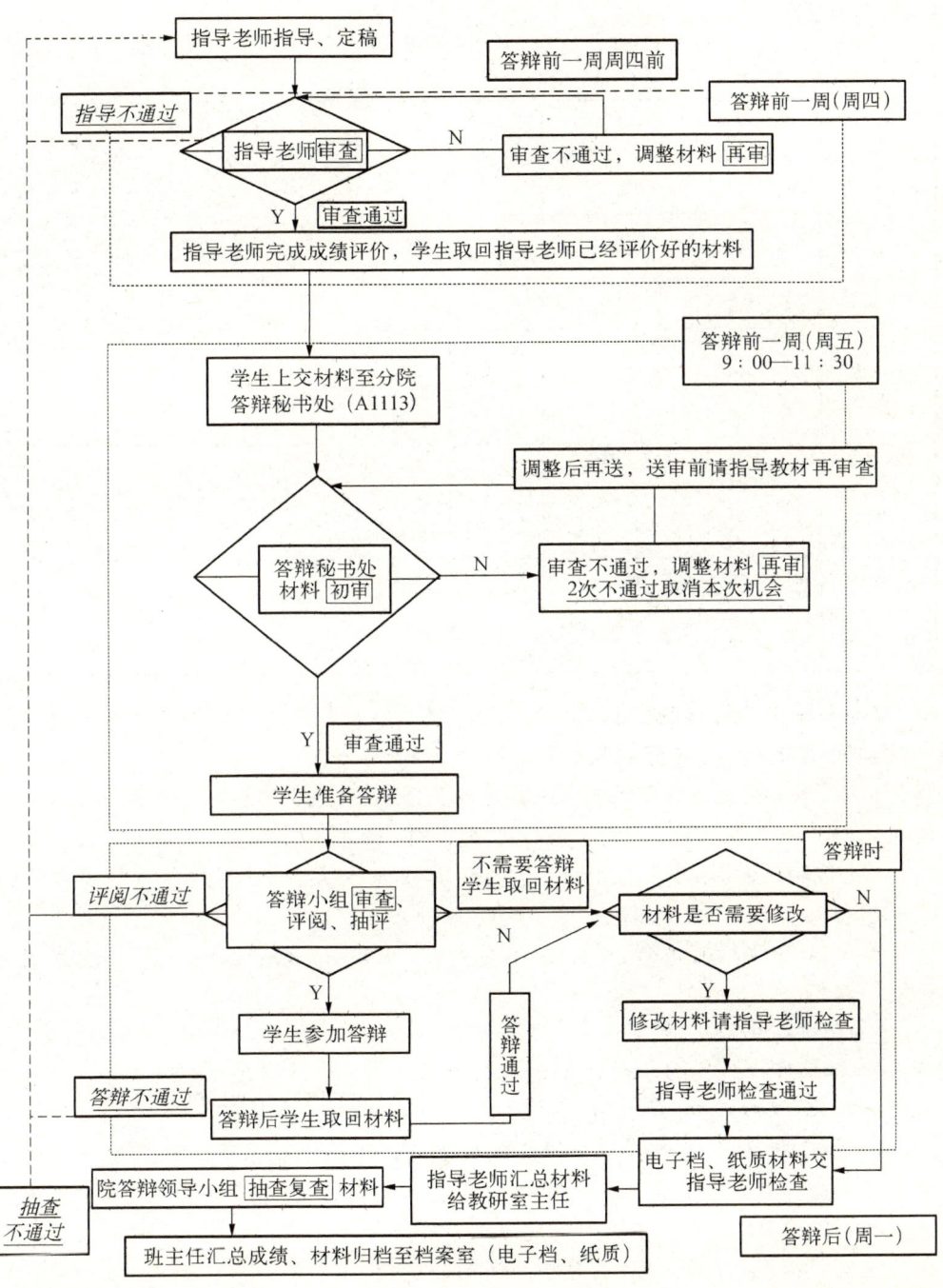

指导学生基本信息

班级	专接本			实习人数			合 计		
	男生	女生	总人数	男生	女生	总人数	男生	女生	总人数
总 计									

(指导学生单位详细信息汇总粘贴本页背面)

实训(实习)指导教师的职责

1. 对于学院安排的校外实训(实习),指导教师要依据实训(实习)计划,定期与实训(实习)单位联系,了解学生的实训(实习)情况。

2. 严格按照实训(实习)计划要求,认真指导学生实训(实习),确保每位学生按时按质完成实训(实习)任务。

3. 做好学生思想工作,关心学生学习、实训情况,定期教研室汇报学生实训(实习)动态。

4. 对所指导的实训(实习)学生进行实训(实习)成果评价。

5. 严格实训(实习)中的考勤和纪律要求,对于违反规定的学生,应及时给予批评教育,对情节严重、影响极坏的同学,及时向教研室报告。

6. 实习期间,指导教师应采取巡回检查、电话、网络联系等方式及时了解学生的实习动态。每周平台回复或手机短信回复并完成"学生指导记录表(适用无条件上网的实习学生指导)",在能力范围内及时解决学生存在的问题,及时向教研室主任汇报实习情况(每周一次)及存在的问题与解决方法。

学生实习汇报记载表一
一、学生实习基本信息

姓　　名		学　号	
专　　业		班　级	
家庭联系人与电话		本人联系电话(QQ)	
实习单位名称		实习时间	年　月　日至　年　月　日
实习单位地址(邮编)			
实习单位联系人		电话	
实习单位二名称		实习时间	年　月　日至　年　月　日
实习单位地址(邮编)			
实习单位联系人		电话	
实习单位三名称		实习时间	年　月　日至　年　月　日
实习单位地址(邮编)			
实习单位联系人		电话	

二、学生实习汇报记载

（□ 短信或电话　　□ 学校网上平台　　□ QQ）

周　次	时　间	汇报内容	备　注
3		如实汇报每周工作的主要内容,遇到的问题及解决情况,语言要求简洁而具体。	□ 主动汇报 □ 未 汇 报
4			□ 主动汇报 □ 未 汇 报
5			□ 主动汇报 □ 未 汇 报
6			□ 主动汇报 □ 未 汇 报
7			□ 主动汇报 □ 未 汇 报

(续表)

周　次	时　间	汇报内容	备　注
8			□ 主动汇报 □ 未 汇 报
9			□ 主动汇报 □ 未 汇 报
10			□ 主动汇报 □ 未 汇 报
11			□ 主动汇报 □ 未 汇 报
12			□ 主动汇报 □ 未 汇 报
13			□ 主动汇报 □ 未 汇 报
14			□ 主动汇报 □ 未 汇 报
15			□ 主动汇报 □ 未 汇 报
16			□ 主动汇报 □ 未 汇 报
17			□ 主动汇报 □ 未 汇 报
18			□ 主动汇报 □ 未 汇 报

说明：短信或电话汇报请详细登记内容与时间，网上平台汇报只要统计是否正常汇报，汇报时间截至上周日晚12:00，无论何种汇报方式，异常情况请在"汇报内容"填写并如实汇报教研室主任。（此表每个学生一张）

参 考 文 献

[1] 周科.关于高职院校经济管理专业实践和实训教学的思考[J].常州工程职业技术学院学报,2007(2):89-92.

[2] 曾稳.高职经济管理类专业顶岗实训教学探路[J].恩施职业技术学院学报(综合版),2006(4):75-77.

[3] 周卫星.高职实训教学存在的问题及对策[J].湘电培训与教学,2007(3):14-15.

[4] 田正学,王羚又.文科类专业大学生毕业实习存在的问题及对策[J].石油教育,2008(4):50-52.

[5] 文桂萍.高职生落实毕业实习单位的问题及对策[J].中国职业技术教育,2008(19):14-15.

[6] 夏励嘉.毕业实习难的原因及破解对策[J].广东技术师范学院学报(职业教育),2010(1):133-136.

[7] 韦志康,黄大明,杨春兰.毕业实习与毕业论文一体化改革若干理论问题的研究[J].中国科教创新导刊,2010(28):82-83.

[8] 杨继宏,卢玲.高职院校毕业实习所面临的问题和解决方法[J].科技创业,2008(6):58-59.

[9] 梅爱冰.浅谈顶岗实习中的思想政治教育工作[J].职业技术,2010(9):34-35.

[10] 孟庆梅.高职院校学生顶岗实习的问题及对策[J].河北大学成人教育学院学报,2010(9):50-52.

[11] 梁林.浅谈高职毕业论文的选题定位[J].西北职教,2010(1):48-48.

[12] 胡皓炅.对高职院校毕业设计(论文)的几点思考[J].常州工程职业技术学院学报,2007(4):35-37.

[13] 谭满益,王磊,宋刚勇,李敏,魏晓娅.高职院校学生职业素质培养的思考[J].职业技术教育,2008(13):38-41.

[14] 庞文渌.高职生职业素质现状及培养模式的研究[J].辽宁教育行政学院学

报,2007(8):10-11.

[15] 张宏.大学生职业素质提升与合格职业人的培养路径[J].黑龙江高教研究, 2011(4):95-97.

[16] 周英,陈惠民."毕业实习、毕业论文与学生就业三位一体"工作模式探索[J]. 常熟理工学院学报(教育科学),2009(6):24-26.

[17] 吴明革.大学生选择毕业实习方式的动机分析[J].管理观察,2008(8): 114-116.

[18] 谭迎新,王海宾.分散式毕业实习与设计一体化模式的探索与实施[J].管理观察,2009(4):106-108.

[19] 王祖山,王海宾.管理类专业集中毕业实习模式探讨[J].科技情报开发与经济,2007(8):244-245.

[20] 徐冬梅,吴红,冷士良.高职毕业设计(论文)与顶岗实习配套改革的实践[J]. 化工职业技术教育,2010(2):30-32.

[21] 周顾宇.高职财经类毕业论文模式的改革与探索[J].天津市财贸管理干部学院学报,2010(3):66-68.

[22] 梁林.浅谈高职毕业论文的选题定位[J].西北职教,2010(Z1):47-48.

[23] 马骞.高职毕业论文存在的主要问题与对策[J].江苏经贸职业技术学院学报,2010(4):67-69.

[24] 郭志勇.影响职校学生顶岗实习的德育问题及对策探究[J].职教与经济研究(娄底职业技术学院学报),2010(2):31-33.

[25] 包锦阳.高职高专毕业综合实践指导[M].浙江:浙江大学出版社,2010.

[26] 课题组.高等职业教育综合实训典型方案[M].北京:高等教育出版社,2006.

[27] 王海滋等.工商管理类专业毕业论文写作指导[M].武汉:华中科技大学出版社,2008.

[28] 尤利群,等.学生毕业论文的写作与指导[M].浙江:浙江大学出版社,2009.

[29] 王嘉陵.毕业论文写作与答辩[M].成都:四川大学出版社,2007.

[30] 徐国庆.职业教育课程论[M].上海:华东师范大学出版社,2008.